Günter Tesch

Hinter den Kulissen

Hinter den Kulissen

Von
Günter Tesch

BRUNNEN-VERLAG · GIESSEN UND BASEL

1. Auflage Juni 1970

2. Auflage Oktober 1970

3. Auflage März 1971

ISBN 3 7655 0082 8

INHALT

Der Kampf um die Gitarre

Seine Finger glitten über die Saiten. Ich stand neben ihm an den Türpfosten gelehnt und lauschte hingerissen den wechselnden Harmonien, die Jerry Cossey seinem Instrument entlockte. Mir entging keine seiner Bewegungen. Als er dann sang, brach aus mir heraus, was mich schon lange bewegt hatte: „Du, Jerry! Das möchte ich auch lernen!" Jäh brach die Musik ab. Jerry drehte sich zu mir um: „Bist du sicher, daß du das hier auch willst?" Damit streckte er mir seine linke Hand entgegen. Erschrocken starrte ich für einige Augenblicke auf diese Hand. Tiefe Kerben hatten sich in die Fingerkuppen eingegraben. — Doch der Wunsch, selbst Musik machen zu können, war stärker. Mir war alles egal. Ich wollte Gitarre spielen lernen, koste es, was es wolle. Jerrys Antwort war kurz und bündig: „O.k. Besorg dir eine Gitarre und dann komm wieder." Er nahm sein unterbrochenes Spiel wieder auf. Für ihn war die Sache erledigt, denn er kannte meine Eltern und wußte, daß ich Schwierigkeiten bekommen würde.

Als ich das Zimmer verließ, kam ich mir von aller Welt verlassen vor. Wie im Traum stieg ich die Treppe hinunter und stand dann auf der Straße. Ich sah kaum die dahinhastenden Menschen. Vor mir ging ein Pärchen, das sich über irgend etwas freute. Ich lief durch den Park. Durch einen Tränenschleier sah ich die alte Frau auf der Bank sitzen. Sie sprach mit einem kleinen Dackel, der vor ihr hockte und, wie es schien, aufmerksam zuhörte. Vom Spielplatz klang ausgelassenes Kinderlachen herüber. Das alte Ehepaar genoß die letzten Sonnenstrahlen.

Die ganze Welt schien glücklich, nur ich stand mit meinem Problem allein und wußte keinen Ausweg. Zu Hause würden mich auch gleich lange Gesichter empfangen, denn ich war später dran, als ich sollte. Das war mir aber nicht so wichtig. Ich setzte mich auf eine Bank und starrte ins Wasser. Der Stein, den ein Junge in den Teich geworfen hatte, ließ Kreise entstehen. Ich saß da und hörte in Gedanken Jerry auf seiner Gitarre spielen. Unmerklich verwischte sich das Bild, und ich sah mich selbst an seiner Stelle. — Langsam zog die Dämmerung herauf. Mich fröstelte. Vom nahen Kirchturm gab eine Glocke die Stunde an. Schon 19.00 Uhr! Ich sprang erschrocken auf. Um 17.00 Uhr sollte ich zu Hause sein, und jetzt war es schon zwei Stunden später!

Ich war mit einem Schlage in die Wirklichkeit zurückgeholt. Eine große Niedergeschlagenheit befiel mich. Wie sollte ich meine Eltern dazu bringen, mir eine Gitarre zu kaufen?

Atemlos stand ich vor unserer Wohnungstür. Die Klingel schrillte. Meine Schwester öffnete mit einem vielsagenden Blick. Ich bekam dann auch gleich mein Teil für das Zuspätkommen. Man hatte mit dem Essen auf mich gewartet, und nun herrschte eine eisige Atmosphäre bei Tisch. Mich störte das kaum, war ich doch viel zu sehr

Geld nicht. Ich war ratlos und schaute meine Mutter an. Sie sah meine Enttäuschung und holte aus ihrer Tasche das Portemonnaie. Wollte sie etwa . . .?

„Zum Geburtstag", sagte sie und legte den fehlenden Betrag auf den Ladentisch. Ich war sprachlos. Freudestrahlend nahm ich die Gitarre in Empfang. Verstohlen strich ich über ihre Saiten.

Wie sich die Welt doch plötzlich verändert hatte! Ich verstand nicht, wie jemand traurig sein konnte, während für mich alles in strahlenden Sonnenschein getaucht war. Der alte Mann, schäbig gekleidet und mit verbittertem Gesicht, sah mich böse an, als ich ihn anlachte. Ich sah das Kind, das sich vor dem großen Schäferhund fürchtete und weinte. Es war mir gleichgültig. Was kümmerten mich der alte Mann oder das Kind! Hatte ich nicht meine Gitarre? Lag jetzt nicht der Weg in die Zukunft offen? Warum sollte ich über die dunklen Seiten des Lebens nachdenken? Ich war jung und glücklich.

Mein Vater ahnte noch nichts von dem Geschehen des vergangenen Tages, als er mir am Morgen meines 17. Geburtstages als erster gratulierte, mir alles Gute wünschte und daß „der Herr mich behüten" möge. Ich dachte nur: „Nicht mich, sondern dich möge er behüten!"

Es war ein Morgen wie jeder andere.

In der Küche summte die Kaffeemaschine. Mutter klapperte mit dem Frühstücksgeschirr — und mitten hinein in diese vertrauten Geräusche mischte sich ein heller Klang, der meinen Vater überrascht nach meiner Mutter, dann nach der Tür zu meinem Zimmer blicken ließ. Dort saß ich und quälte meine Gitarre mit dem einen Griff, den ich Jerry abgeschaut hatte. Daß sich die Türklinke bewegte, sah ich nicht; ich hatte alles um mich her vergessen.

Plötzlich merkte ich, daß ich nicht mehr allein im Raum war. Mein Vater stand vor mir und fragte mit erregter Stimme: „Wo kommt die her?" „Aber du hast mir doch selbst erlaubt, eine Gitarre zu kaufen", rechtfertigte ich mich. Meine Mutter mischte sich ein und machte der Diskussion ein Ende, indem sie sagte: „Komm, der Kaffee ist fertig. Ich werde dir alles erklären."

Ich war froh, daß mir zunächst die Auseinandersetzung um die Gitarre abgenommen war. Beschwichtigend brachte Mutter nun alle Argumente vor, die für meinen Kauf sprachen. Langsam lenkte mein Vater ein. Er tröstete sich damit, daß dieser Spleen ja wohl genauso schnell vorbei sein würde wie alles andere. Ich hätte schon so viele Dinge angefangen — man denke nur an die Briefmarkensammlung — und dann doch wieder aufgegeben. Es könne sicher nicht lange dauern, bis ich an der Gitarre die Lust verlieren und sie dann in die Ecke stellen würde. Mein Vater sollte nun, vielleicht tatsächlich zum erstenmal erleben, daß ich mich nicht einer Spielerei hingab, sondern ernsthaft den Wunsch hatte, Gitarre spielen zu lernen, und das auch durchhalten würde.

Das Plakat

Jerry staunte nicht schlecht über meine neueste Errungenschaft. Täglich kam ich zu ihm und machte Krach auf meiner Gitarre. Aber bald wurde aus dem Krach Musik, und viele junge Leute fanden sich bei Jerry zusammen, um uns zu hören. Meist sangen wir die zweistimmigen Songs der Everly Brothers.

Fast jeden Tag übten wir nun zwei bis drei Stunden, manchmal auch länger. Heimlich hörte ich nachts Radio Luxemburg, um mich über die neuesten englischen Pop-Songs zu informieren. Ich wußte genau, welches Stück in der Hitparade den ersten und welches den letzten Platz einnahm. Natürlich war ich am Morgen oft sehr müde. Aber was tat's?

Eines Tages sagte Jerry zu mir: „Du, Tony" — Tony war damals mein Spitzname — „ich spiele als Aushilfe in einer Beatband und verdiene zwanzig Mark am Abend. Komm doch mal mit! Am kommenden Samstag spielen wir im ‚Klabautermann'." „Klabautermann?" wiederholte ich langsam. „Das ist doch ein Nachtlokal. Ich glaube kaum, daß meine Eltern es erlauben, aber ich will versuchen, was sich machen läßt."

Wie vermutet, kam es zu einer scharfen Auseinandersetzung mit meinen Eltern. Aber weil ich doch so gern mal eine Beatband mit einer richtigen Gesangsanlage, mit Lautsprechern, Mikrophonen, Verstärkern und Hallgeräten sehen und hören wollte und weil ich versprach, pünktlich um 22 Uhr zu Hause zu sein, gaben meine Eltern schließlich nach.

Das war ein Samstagabend! Vor Aufregung vergaß ich in der Straßenbahn zu zahlen. Der Schaffner, der mich kannte, schaute mich fragend und erstaunt an. Dann stolperte ich über einen Obstkorb, der im Gang stand. Ich konnte mich gerade noch am Haltegriff an der Tür festklammern. Während eine Frau schimpfte und mich einen frechen, respektlosen Schnösel nannte, fielen meine Augen auf ein kleines orangefarbenes Plakat über der Tür. Ich las: „Ich bin mit dir und will dich behüten, wo du hinziehst."

Betroffen starrte ich auf diesen Satz. Gewaltsam mußte ich meinen Blick abwenden. Ich sah die Lichtreklamen, die hellen Straßen, und mir fiel ein, wohin ich wollte.

Im „Klabautermann"

„Du mußt die Hafenstraße runtergehen bis zur Brücke",
hatte Jerry mir erklärt: „Gleich hinter der Brücke siehst
du den ‚Klabautermann'." Also lief ich durch diese ein-
same Gegend — es roch nach Fischmehl und Teer — und
erreichte die Brücke. Aber vom „Klabautermann" war
nichts zu sehen. Alles düster; nur eine Laterne auf der anderen Straßenseite warf einen schwachen Schein zu mir
herüber. Ich ging über die Brücke und schaute auf den
Kanal. Und da sah ich den „Klabautermann", festlich
beleuchtet. Die roten, gelben und blauen Glühbirnen gaben dem öligen, schmutzigen Wasser einen seltsamen, unheimlichen Reiz. Auf drei riesigen Elbkähnen, an der
Uferböschung verankert, lag das Nachtlokal vor mir.
Schnell stieg ich die Stufen der Böschung hinunter — und
wurde am Eingang des Lokals von einem stämmigen
Kassierer um 2,50 DM erleichtert. Ich trat ein. Im ersten
Augenblick sah ich überhaupt nichts. Langsam gewöhnte
ich mich an die mir völlig fremde Atmosphäre. Dunkel,
verqualmt! Erstaunt stellte ich fest, daß der riesige Raum
voll besetzt war. Hunderte saßen dichtgedrängt an kleinen Tischen; in den Ecken amüsierten sich verliebte
Paare. „Hallo, Tony, hast du's geschafft? Ich habe dir
ganz vorn bei der Bühne einen Platz reserviert. Komm

und schau dir mal diese märchenhafte Gesangsanlage an." Jerry hatte mich nach vorn gezogen und stellte mir nun die Mitglieder der Band vor. „Dies ist Pit, ein sagenhafter Sologitarrist — und das ist..." Trommelwirbel setzte ein. „Na, du hörst schon, George, ein ausgezeichneter Drummer" (Schlagzeuger). Wie im Traum setzte ich mich und bestellte eine Limonade. „Limonade gibt's nicht! Nur Cola-Rum, Bier und Schnaps!" schnarrte der Kellner. Ich wurde rot, erwiderte schnell: „Cola-Rum, bitte", und dachte: Für Nachtlokale scheine ich nicht geeignet zu sein.

Inzwischen wurden die Instrumente gestimmt und die Lautstärke der Verstärker und Mikrophone eingestellt. Ich fühlte mich nicht wohl — wie ein Außenseiter —, aber als die Band zu spielen begann, vergaß ich, wo ich mich befand, und hörte nur noch die Musik. Ich merkte nicht, wie hinter mir getanzt wurde. Der Beat hatte mich ergriffen, mich in Besitz genommen, ohne daß ich mich dagegen hätte wehren können. Mein Entschluß war klar. Ich wollte Beatsänger werden! Die Band hatte aufgehört zu spielen, und die Musiker setzten sich an den Tisch. Und plötzlich fragte ich den Bandleader — ich *mußte* fragen —, ob Jerry und ich nicht einmal zusammen singen dürften. Pit antwortete zu meinem Erstaunen sofort: „Natürlich, gleich nach der Pause." Jerry sah mich skeptisch an.

Die Pause war schnell vorbeigegangen, und auf einmal hatte ich Angst, furchtbare Angst. Schweißtropfen bildeten sich auf meiner Stirn, mein Mund wurde trocken, wie ausgedörrt, meine Kehle zugeschnürt. Die Angst stei-

18

gerte sich, als ich die Bühne betrat und den vielen Menschen gegenüberstand, ihnen ausgeliefert. George spielte schon mit den Stöcken auf der kleinen Trommel, und ich hängte mir zitternd Pits Gitarre um. Hinter mir hörte ich George sagen: „Tony, du brauchst nicht aufgeregt zu sein, wir haben alle mal angefangen." Jerry gab das Zeichen — drei — vier —: „Problems, problems all day long" (Probleme, alle Tage Probleme). Das Lied war verklungen. Spontan klatschten die Leute. Wie man mir später sagte, war diese Reaktion eine Seltenheit in diesem Club. Verwundert sah ich alles aus weiter Ferne und hörte: „Zugabe! Zugabe!" Wir sangen „Charly is a joker" (Charly ist ein Spaßmacher). Das Publikum tanzte nicht mehr. Es stand klatschend auf der Tanzfläche. „Zugabe! Zugabe! Zugabe!" Wir sangen ein Abschlußlied. Die Mädchen schrien wild, die Jungen klatschten — und der Nachtclubbesitzer stand hinter der Theke, kippte einen Schnaps „hinter die Binde" und rieb sich die Hände. Das „Geschäft" hatte einen unerwarteten Aufschwung genommen. Schweißgebadet stieg ich von der Bühne.

„Meine Zeit, ist das anstrengend! Das hätte ich nicht gedacht!" Erschöpft, aber glücklich setzte ich mich.

Pit hatte schon bei unserem zweiten Song sein Mädchen vor die Bühne geschleppt und erstaunt und interessiert gelauscht. Jetzt kam er auf uns zu, reichte uns die Hand und sagte anerkennend: „Mensch, gratuliere, ihr seid großartig gewesen. Habt ihr gemerkt, wie die Leute mitgingen? Ihr seid engagiert! Unsere Band wird mit euch ganz groß rauskommen. Klasse, sage ich, Klasse! Du Tony, bring morgen um acht deine Klampfe mit!"

Diesen Erfolg hätte ich mir nie träumen lassen. Es war kurz nach halb zehn, und ich mußte mich schleunigst auf den Heimweg machen. Da Jerry bis 24 Uhr weiterspielen durfte, ging ich allein zur Straßenbahnhaltestelle zurück. Die Bahn hielt, ich stieg ein und blieb an der Tür stehen. Gedankenlos schaute ich über die Tür — und las: „Ich bin mit dir und will dich behüten, wo du hinziehst." Gab es für mich denn nur noch Straßenbahnen, über deren Türen dieses Wort stand?

Der Tag danach

Am nächsten Morgen stank mein Zeug immer noch nach Rauch. Weil ich wußte, wie meine Mutter auf solche Dinge reagierte, riß ich das Fenster auf und hängte meine Jacke in die frische Luft. Aber das half nicht viel. Meine Mutter weckte mich, freundlich wie immer. Plötzlich sah sie das offene Fenster mit der Jacke am Griff. „Was ist denn hier los?" fragte sie erstaunt. Sie trat näher ans Fenster und drehte sich dann zu mir um. Jetzt kam's! „Hast du etwa geraucht? Das ist ja ekelhaft! Und so etwas in der eigenen Wohnung!" Ich kam gar nicht dazu, eine Erklärung abzugeben. „Jetzt gib das Zeug erst mal her. Wenn Vater das merkt, kannst du dich auf einiges gefaßt machen." Ich ließ diesen Redeschwall ruhig über mich ergehen. Wenn sie sich erst einmal abreagiert hatte, würde ich schon eine Gelegenheit finden, von den Ereignissen des gestrigen Abends zu berichten.

Um sie nicht noch mehr zu reizen, stand ich, entgegen meiner Gewohnheit, sofort auf. Im Badezimmer pfiff ich betont lustig vor mich hin, obwohl mir nicht so ganz wohl in meiner Haut war. Aus der Küche hörte ich die Stimmen meiner Eltern. Die würden sich noch sehr wundern!

Beim Frühstück platzte ich schließlich heraus: „Stellt euch mal vor: Die haben Jerry und mich engagiert!"

„Wie bitte?" fragte mein Vater mit einem Gesicht, als habe er nicht richtig verstanden. „Ach, wißt ihr, das war gestern unwahrscheinlich dufte. Eine Anlage, sage ich euch, das habt ihr noch nicht gesehen!" Ich sah alles wieder vor mir und war wie berauscht von dem Gedanken, selbst auf der Bühne zu stehen und zu singen. „Ja, ja, aber was hat das mit dir zu tun?" Die nüchterne Frage holte mich in die Wirklichkeit zurück. Ich wappnete mich für einen harten Kampf; ich würde nicht aufgeben. Alle Register wollte ich ziehen, um mein Ziel zu erreichen. Auf „sanfter Welle" begann ich erst mal zu erzählen: von den Instrumenten, von der Lautsprecheranlage, von der Musik. Ich redete mich immer mehr in Begeisterung. „Und wißt ihr, dann fragte ich den Bandleader einfach, ob wir auch mal singen dürften. Na, und der hatte nichts dagegen. Und dann haben Jerry und ich gespielt — da war alles dran. Pit war hin und weg. Heute abend sollen wir wieder auftreten."

Jetzt war es heraus. Ich beobachtete meine Eltern. „Wie stellst du dir das eigentlich vor, Günter?" fing mein Vater an. „Du, als Kind aus einem christlichen Haus, gehst in ein Lokal, um die Leute zu unterhalten! Wie stehe ich denn da, wenn dich mal zufällig einer von unseren Bekannten sieht? Ich muß mich ja in Grund und Boden schämen und mache mich lächerlich vor der ganzen Gemeinde. Mein Sohn als Beatsänger! Ist ja unglaublich. Das schlag dir bloß aus dem Kopf. Bring es im Leben erst mal zu was, dann werden dir diese Flausen schon vergehen!" Erregt schob er den Stuhl zurück und ging zur Tür. „Das hat man davon, wenn man euch zu viel Freiheit läßt, wenn man euch den kleinen Finger reicht!" Etwas lauter als gewöhnlich fiel die Tür ins Schloß.

Jetzt schaltete sich meine Schwester ein. Sie fand mein „Beat-Unternehmen" sehr interessant, und so schlug sie sich auf meine Seite. „Meine Güte, Vati ist ja in Fahrt! Also ich finde alles Klasse. Nimmst du mich mal mit, wenn ihr spielt? Das muß ja toll sein, vor so vielen Leuten zu stehen. Wenn ich das in meiner Klasse erzähle!! — Mensch, die kriegen zuviel!"

Ich wußte nicht, ob ich mich über diesen Beistand freuen sollte, denn Mutter schaute ziemlich skeptisch drein. „Mußt du denn unbedingt am Sonntagmorgen damit anfangen?" sagte sie ärgerlich. „Du weißt doch, daß Papa am Sonntag seine Ruhe braucht!" Sie schien zu einer längeren Rede ansetzen zu wollen. Deshalb fiel ich gleich ein. „Ja, du denkst immer nur an Papa und seine kostbare Ruhe. Und Papa denkt an sich und seinen guten Ruf. Ich habe es satt! Dieses ewige: Nimm Rücksicht! Denk an die Familie! An uns denkt ihr überhaupt nicht!" Meine Schwester nickte zustimmend, und in ihren Augen lag Rebellion.

Bestärkt fuhr ich fort: „Jetzt habe ich die Chance, groß ins Geschäft einzusteigen — und da kommt ihr mit euren altmodischen, spießigen Ansichten daher und wollt einem alles verderben. Die ganze Zukunft wollt ihr einem verbauen. Ich habe jetzt genug. Wie mich alles anödet!" Damit rannte ich in mein Zimmer und hämmerte wütend auf meiner Gitarre herum. Draußen hörte ich eine Tür klappen und die Stimmen meiner Eltern. Gesprächsfetzen drangen zu mir herein. „... denk doch mal an den Jungen. Er ist doch noch so jung ..." "... soll lieber lernen. Als wir so jung waren, da hieß es: Arbeiten! Arbeiten! Ich sag's ja immer, denen geht's zu gut!" "Aber wir lebten doch auch in einer anderen Zeit, wir ..."

An diesem Sonntag war nichts mehr zu erreichen. Ich rief Jerry an und besprach mit ihm die Sachlage. Er beschwor mich, alles in Bewegung zu setzen, um die Zustimmung meiner Eltern zu erhalten. Ich versprach, mein möglichstes zu tun. Es vergingen einige Tage, bis sich eine günstige Gelegenheit bot, sich von neuem an meine Eltern heranzupirschen. Unser Gespräch verlief ruhig und sachlich. Schließlich meinte mein Vater, daß er die Sache zwar nicht verstehen und gutheißen könne, aber wenn ich meinen Pflichten nachkäme, würde er mir, wenn auch schweren Herzens, die Erlaubnis geben, das Engagement anzunehmen.

Natürlich rief ich Jerry sofort an und teilte ihm begeistert die positive Wendung unserer Sache mit. Wir waren außer Rand und Band vor Freude. "Also Tony, dann treffen wir uns morgen abend im ‚Klabautermann'. Tschüs — und hoffentlich macht dein Vater keinen Rückzieher, wenn er sich alles nochmal gründlich überlegt! ..."

„Schlag das Schwein tot!"

Voll Begeisterung stand ich nun an den Wochenenden auf der Bühne und sang die Songs, welche die jungen Leute liebten, nach denen sie tanzten und sich in Ekstase steigerten. Mit sechzig Mark Gage in der Woche konnte ich schon von „finanziellem Aufschwung" sprechen.

Ich war so eifrig auf der Bühne, daß ich nichts von den dunklen Geschäften und Abmachungen in den Nischen des Nachtclubs bemerkte. Zu Hause erzählte ich, der „Klabautermann" sei ein nettes Lokal, in dem fast nur Jugendliche verkehren würden. Natürlich gäbe es auch manchmal Schlägereien, aber darum kümmerte ich mich nicht.

Doch eines Abends ... Eben hatte die Pause begonnen. „Paß auf, er hat ein Messer!" schrie ein Mädchen hinter mir. Ruckartig drehte ich mich um. Glas zersplitterte am Boden, ein Tisch fiel um, und ich sah, wie sich zwei Männer auf der Tanzfläche wälzten. In der Hand des einen sah ich etwas blitzen. „Er wird ihn umbringen", hörte ich jemanden kreischen. „Er hat doch selber schuld!" „Warum?" „Er hat ihm das Mädchen ausgespannt!" Der Wirt rief: „Bringt sie auseinander!" Drei Männer griffen in den Kampf ein und drängten die Kampfhähne aus dem Saal. Ich folgte mit nach draußen vor die Tür.

25

„Schlag das Schwein tot!" „Schmeiß die Sau ins Wasser!"
Immer mehr Leute kamen aus dem Lokal. „Ja, gib's
ihm!" „Fester!" „Würg sie doch ab, diese miese Ratte!"
Keiner durfte in den Kampf eingreifen; dafür sorgten
einige Burschen in Lederkleidung. Keiner rief die Polizei,
denn man wollte sein Schauspiel. Hier unter der Ein-
gangsleuchte sah ich die beiden Schläger besser. Ein etwa
fünfundzwanzigjähriger kräftiger Mann schlug sich mit
einem etwa dreißigjährigen Glatzkopf. Der fiel zu Boden.
Sein linkes Auge blutete. Das Hemd war aufgerissen, er
schrie: „Hör auf! Ich gebe auf!" Aber der andere ließ
nicht locker. Im Gegenteil. Er zog seinen rechten Schuh
aus, faßte die Spitze des Schuhes und schlug dem Glatzkopf so lange mit der Hacke auf den Schädel, bis der
Kopf bald voller Beulen und Platzwunden war.

Empört und erschüttert stand ich da und mußte taten-
los zuschauen. Man stieß mich zurück, als ich helfend eingreifen wollte. So unbarmherzig konnten Menschen sein?
War dies denn noch menschenwürdig? Das war also die
Welt, in der ich lebte! Ekel stieg in mir auf, und nur
mühsam konnte ich die Tränen zurückhalten. Tränen des
Zorns und der Hilflosigkeit. Besinnungslos lag der Glatzkopf am Rande des Pontons. Sein linker Arm hing im
Wasser. Die Gesellschaft löste sich auf, und man „durfte"
sich um den Verletzten kümmern. Im Saal war inzwischen
die Musikbox eingeschaltet worden. Man tanzte weiter.

Haschisch ist kein Marihuana

Im „Klabautermann" spielten wir nun schon lange nicht mehr. Wir waren zu einer gefragten Beatband aufgestiegen und anspruchsvoller im Blick auf das „Milieu" geworden. Aber der Teufel sitzt überall, ob in einem vornehmen Lokal oder in der dunkelsten Spelunke.

Pit, unser Sologitarrist, mit einer ansehnlichen Mähne und Vollbart ausgestattet, war stets auf Draht, bestens informiert. Eines Abends sagte er zu George und mir: „Schaut mal, was ich hier habe!" Im Halbdunkel konnte ich eine kleine längliche Schachtel erkennen. Er öffnete sie, schüttete etwas auf seine Hand und steckte es in den Mund. „George, willst du auch was davon?" „Nein!" „Hast wohl Angst?" Neugierig fragte ich: „Was ist das?" „Nichts Besonderes! —" Zu George gewandt erzählte Pit nun halblaut: „Gestern kam der Zuhälter von Hannelore zu mir und bot mir fünf Streichholzschachteln für hundert Mark an. Stell dir vor, nur zwanzig für eine Schachtel! Es soll wieder eine größere Sendung aus der Türkei nach St. Pauli geschmuggelt worden sein. Wenn wir jetzt nicht kaufen, zahlen wir nächste Woche das Doppelte. Heute nacht um 11 Uhr will Egon mal vorbeikommen und uns den ‚Stoff' für den gleichen Preis anbieten."

Egon kam. Ein großer, breitschultriger Mann mit einer Narbe unter dem rechten Auge, sehr elegant gekleidet und von einer aufdringlichen Parfümwolke umgeben.

Zwei Mädchen mit langen blonden Haaren sprangen von ihren Stühlen auf, ließen ihre Getränke stehen und liefen Egon hastig entgegen. „Hast du Stoff dabei?" „Ja!" „Für mich auch?" „Wieviel kostet er?" „Fünfzig!" „Waaas?!" „Ja, fünfzig Mark!" „Eine Schachtel?" „Ihr könntet's umsonst haben. Müßtet bloß ein wenig für mich arbeiten!" Damit ließ Egon die beiden stehen und kam zu Pit, um mit ihm zu verhandeln. Aber die Mädchen eilten ihm nach und kauften für den genannten Preis eine ‚Streichholzschachtel'. Den Inhalt teilten sie sorgfältig und genau.

Pit kramte eine Pfeife hervor und kaufte ein halbes Gramm Haschisch. Zwei Jungen kamen atemlos auf Egon zugerannt. Der ältere, er mochte siebzehn Jahre alt sein mit einem verwegenen Gesicht, trat nahe an Egon heran und verlangte zwei „Streichholzschachteln". Ohne Widerrede bezahlte er dafür hundert Mark und riß Egon gierig den „Stoff" aus der Hand. Aus dem Dialekt, den er sprach, schloß ich, daß er entweder aus Oberbayern oder Österreich stammen mußte. Ich fragte deshalb den anderen etwa vierzehnjährigen Jungen, der schüchtern danebenstand: „Woher kommt ihr?" „Wir — wir kommen aus Österreich." „Ihr habt wohl hier in Hamburg Verwandte?" „N-nein, wir sind — wir sind nur . . .", begann er zu stottern. Er sah mich erschrocken an und wurde rot. Seine blauen Kinderaugen alarmierten mich, und so nahm ich ihn zur Seite und fragte eindringlich, was er denn in

Hamburg wolle. Nach kurzem beklemmendem Schweigen erzählte er — zuerst stockend, dann schnell, als ob er die Last, die er mit sich herumschleppte, auf diese Weise loswerden könnte: „Mein Freund hat ein Moped gestohlen — und — und ist von zu Hause durchgebrannt. — Er ist zu mir gekommen und hat mich gefragt, ob ich mit ihm kommen wolle. — Ich hatte in letzter Zeit immer Krach mit meinen Eltern — die wollten mich in eine Erziehungsanstalt stecken. Da habe ich Angst gekriegt — und bin mit abgehauen." „Wie seid ihr denn über die Grenze gekommen?" „Dort haben wir gesagt, daß wir nur schnell mal zu unserer Tante wollten, die gleich auf der anderen Seite wohnen würde. Und dann sind wir per Anhalter bis Hamburg getrampt." „Peppi, komm, wenn'd Stoff willst!" rief nun der ältere Junge. Schnell wandte sich Peppi von mir ab und lief zu dem Tisch, an dem vorhin nur die beiden Mädchen gesessen hatten. Jetzt waren sie in Gesellschaft — in Haschisch-Gesellschaft. Pits Hasch-Pfeife kreiste langsam in der Runde. Jeder, der einen Zug tat, legte schützend seine Hand über den Deckel, damit kein Rauch verlorenging. Nach etwa zwei Stunden waren alle „high". Wild schlugen sie mit Händen und Füßen den Takt zur Musik. Die Pupillen waren anormal geweitet. Eines der Mädchen stierte mit verzücktem Lächeln auf die gegenüberliegende Wand und stieß Laute aus, die mir durch Mark und Bein gingen. Der junge Österreicher hing über der Stuhllehne — willenlos, apathisch. Aus seinen Mundwinkeln lief Speichel. Ich war angewidert. Egon kam lächelnd auf mich zu. Er hatte ein „gutes Geschäft gemacht". Wir schauten zur „High-Society", doch Egon zuckte nur die Achseln und sagte entschuldigend: „Tut mir leid! Aber die wollen ja das Zeug. Die würden mich umbringen, wenn ich ihnen keinen Stoff mehr verkaufen würde. Ich bin sogar sehr nächstenliebend, denn ich suche ständig neue Wege, Hasch unbehelligt heranzuschaffen. Außerdem verkaufe ich *nur* Hasch. Hasch ist kein Marihuana!"

Angélique

Knallhart dröhnte Cliff Richards „Mean woman blues" aus den 120-Watt-Lautsprechern. Wir standen an den Mikrophonen und sangen diesen Song der „Shadows". Plötzlich sah ich Angélique vor uns. Langes blondes Haar, dunkle Wimpern, Lidschatten, dünnes Minikleid, — eine Figur, die jeden jungen Mann mindestens zweimal hinschauen läßt. An eine Säule der Halle gelehnt, zündete sie sich eine Zigarette an.

„Mean woman blues" klang aus. George, Pit und Jerry schauten zur Säule. Das Pausenzeichen schrillte, und George legte hastig seine Schlagzeugstöcke auf die große Trommel. Er lief zu Angélique: „Hallo, Angélique, du kommst allein? Wo ist Christiane?" „Sie kommt in einer Stunde. Muß ihrer Mutter helfen." „Was, — so was gibt's auch noch? — Darf ich dir Tony vorstellen? Er ist der Neue!" Angélique reichte mir die Hand und sah mich forschend an. Ich war verlegen und erwiderte ihren Gruß kühl. Um ihrem Blick zu entgehen, ging ich schnell zur Theke und bestellte einen „Razeputz" (starkes alkoholisches Getränk). Während ich mich auf den Hocker setzte und der Wirt mir das Getränk servierte, legte sich eine Hand auf meine Schulter. „Du gefällst mir, Tony!" Erstaunt schaute ich Angélique an. „Wieso?" „Ich weiß

nicht, warum, — aber du bist anders als die andern!" Ich
lachte unsicher: „Warum soll ich anders sein? Ich unter-
scheide mich in keiner Weise von ihnen. Sehe ich etwa zu
altmodisch oder zu super aus?" „Nein, du verstehst mich
nicht. Ich meine nicht dein Äußeres, ich — ich glaube, du
denkst anders." Ich wollte nicht antworten und fragte
zurück: „Und du — bist du anders, als du vorgibst?" Sie
starrte mein Glas an. „Bitte frag nicht! — Euren Sound
finde ich gut. Ich komme morgen wieder." Damit wandte
sie sich um und schritt langsam, fast müde in den Saal
zurück. An diesem Abend traf ich sie nicht mehr, aber am
nächsten war sie wieder da. Sie tanzte nicht. Sie sah mich
nur an, während ich sang. In dieser Nacht brachte ich sie
zur Untergrundbahn. Schweigend schlenderten wir durch
den Park. Ich dachte über das seltsame Mädchen neben
mir nach.

Aber mitten in meine Gedanken hinein rief sie unvermittelt und mit einer Leidenschaft, die mich erschreckte:
„Warum willst du nichts von mir?" Ich fühlte, wie mir
das Blut in die Wangen stieg, und stotterte: „Aber Angélique, muß man denn von einem Mädchen immer etwas
wollen?" Sie schob ihren Arm unter den meinen und sagte
leise: „Ich danke dir. — Du bist der erste, der nichts von
mir will. Die anderen wollten nur immer, — und deshalb
hasse ich sie. Sie haben sich immer auf meine Kosten amü-
siert — und mich dann weggeworfen — wie . . . wie man
eine abgerauchte Zigarette wegwirft — und zertritt.

Mit vierzehn Jahren hatte ich meinen ersten Freund.
Er war vierundzwanzig. Er kam immer mittwochs, weil
meine Eltern an diesem Tag unterwegs sind. Ich habe ihn

liebgehabt, weil er sich um mich kümmerte. Er hatte Zeit für mich. Mein Vater hat nie Zeit für mich. Ich kann das verstehen. Weißt du, er ist Arzt und hat eine große Praxis. Aber meine Mutter — früher war sie Mannequin — und heute ist sie es auch noch. Sie hat nur Zeit für ihre Garderobe, für ihre Figur, für Reisen, für Parties — aber nie für mich. Vielleicht bin ich ihr unerwünscht, Ballast. Ich war immer allein; schon als kleines Kind. Ich habe alles, aber das, was ich wirklich brauche, hat mir nie jemand gegeben. Tony, es ist alles so kalt. Niemand hat ein bißchen Wärme für einen. Als Kind habe ich meine Ferien oft auf einem Bauernhof verbracht. Vater meinte, daß Landluft und frische Milch das Beste für mich sein würden." Angélique lachte bitter. „Ich war gern dort, ich war sogar sehr glücklich. Und weißt du warum? — Du wirst lachen: Den ganzen Tag trieb ich mich bei den Hühnern rum. Am glücklichsten war ich, wenn ich eine Glucke mit ihren Küken entdecken konnte. Jedesmal weinte ich, wenn die Gluckhenne ihre Flügel ausbreitete und ihre Kinder unter sich verborgen hat. — Dann wünschte ich, ein Küken sein zu dürfen. — Jetzt lachst du über mich, nicht wahr?" „Lachen? Ich sehe keinen Grund zum Lachen, Angélique!" Hastig sprach sie weiter. „Und dann kam die Sache mit Rolf. Ich dachte, er liebt mich wirklich. Ich war ihm so dankbar, weil er zu mir kam, weil er mich nicht alleine ließ. — Deshalb gab ich ihm alles, — alles, was ich zu geben hatte. — Und dann erfuhr ich, daß er verheiratet ist. Das war so furchtbar für mich! Als ich es ihm ins Gesicht schrie, lächelte er und meinte, seine Ehe würde unsere Liebe nicht beeinträchtigen können. Ich war so angeekelt, daß ich ihn geschlagen habe. Aber er hat nur gelacht — hämisch — und mich eine dumme, unreife Gans genannt. Als er zur Tür hinausging, sagte er sarkastisch: ‚Ich danke dir, mein Engel! Die Stunden mit dir waren schön. Schade, daß sie ihren Abschluß gefunden haben, — doch, Liebling, sei versichert, es gibt noch mehr Angéliques.' "

Sie weinte vor sich hin wie ein Kind, dem man ungerechterweise weh getan hatte. Ungeschickt umschloß ich ihre Hand. Allmählich wurde sie ruhiger. „Tony, lange Zeit konnte ich es nicht begreifen. Und als ich begriffen hatte, daß dies das Leben ist, da ist alles so hoffnungslos geworden. — Jetzt nehme ich Aufputschmittel und manchmal besorge ich mir Hasch. Es ist gut, wenigstens für kurze Zeit die Wirklichkeit nicht mehr sehen zu müssen. — Aber warum muß ich leben? Warum? — Vielleicht nur — um zu sterben . . ."

Wir hatten die Station der U-Bahn erreicht. Angélique stand vor mir. In ihren Augen lag Furcht und Erwartung. Ich wollte ihr etwas sagen, aber ich konnte nicht. Wie sollte ich ihr helfen? Ich hatte doch selbst das Leben satt, satt bis obenhin.

Erleichtert war ich, als ich im Dunkel des Tunnels die Lichter der U-Bahn auftauchen und auf uns zukommen sah. Langsam wandte sich Angélique von mir ab und stieg zögernd ein. Die Tür schloß sich. Einige Sekunden konnte ich noch ihr Gesicht hinter der Scheibe sehen — nicht traurig, nicht verzweifelt, nur leblos!

Abend für Abend wartete ich auf Angélique. Sie kam nicht. Zwei Monate später, während einer Pause, kam

Egon an unseren Tisch. Sein „Geschäft" florierte. Er hatte viele Süchtige an der Hand.

Mit gleichgültigem Gesicht sagte er zu Pit: „Nebenbei, hast du schon das Neueste gehört? Angélique ist abgekratzt!" „Was? Das ist doch nicht wahr?" „Doch, doch. Sie schaut sich jetzt die Radieschen von unten an. Soll 'ne dolle Beerdigung gewesen sein. So mit allen Schikanen. Sogar die Zeitung hat darüber geschrieben. Tja, das liebe Engelchen, jetzt ist es im Paradies. Sie hat nur einige Tabletten zuviel geschluckt. Das hat sie nicht vertragen."

Auf der Tanzfläche erstochen

Es war schon nach Mitternacht. Der Betrieb auf der Reeperbahn in Hamburg-St. Pauli verlief etwas ruhiger. „Seitdem wir einen Manager haben, bleibt uns überhaupt keine Zeit mehr, auszugehen", sagte Pit ein wenig mißmutig. Meine Blicke blieben an den Bildern der Schaukästen hängen, die vor den Nachtclubs befestigt waren. „Jungs, kommt rein, hier könnt ihr ganz dolle Bienen sehen! Einmalige Nacktschau! Ganz billig! Kleines Bier nur 6,50 DM." Der Portier hielt mich am Ärmel meines Anzuges fest. „Das ist Susan, unser bestes Pferdchen im Stall. Die müßten Sie mal näher kennenlernen." Damit zeigte er mit seinem rechten Arm auf eine üppige Blondine. Sie lächelte uns an. „Vielleicht kommen wir später noch vorbei. Haben jetzt Pause. In zwanzig Minuten geht es bei uns weiter." Der Portier nahm seine Schirmmütze ab und wies andere Männer auf die Vorzüge des Clubs „Silberne Peitsche" hin. Bei ihnen hatte er mehr Erfolg. Alle konnte er zum Eintritt bewegen.

Wir erreichten das „Top-Ten", das damals das größte Beat-Center in Norddeutschland war. Paul, einer meiner Bekannten, begrüßte mich, während ich mich für den Auftritt fertig machte. „Seit ihr den Manager der Beatles habt, kommt ihr ja ganz groß raus", meinte er. „Vom

Scheitel bis zur Sohle neu eingekleidet. Astrein! Die spitzen Reitstiefel mit dem hohen Absatz machen sich bei dir gut, Tony. Und eure Brokatjacken schillern vielleicht klasse in den Rampenscheinwerfern. Ne Wucht, nenn' ich das!" „Paul, kommst du?" „Natürlich, mein Liebling!" Damit verschwand Paul mit seiner neuen Freundin im Gewühl.

„Tony, beeil dich, wir sind gleich dran", rief mir unser Baßmann zu. Wir stimmten die Gitarren, die kleine Trommel wurde nachgespannt und die Verstärker neu eingestellt. Dann überprüften wir die Mikros, und bei `„Vier" sang ich den neuen Hit der Everly-Bros. „Lucia". Die jungen Leute waren wie berauscht und tanzten ekstatisch. Da, plötzlich ein Schrei! Ein Schrei, der mir noch heute in den Ohren liegt. Ein Menschenknäuel am Rande der Tanzfläche. Zuerst dachte ich, es handle sich um eine der üblichen Schlägereien. Ein Mann hastete an der Bühne entlang. „Er hat ihn erstochen", schrie jemand. „Haltet ihn! Haltet ihn!" Wie gelähmt stand ich auf der gläsernen Bühne, die mit rotem und gelbem Licht von unten her angestrahlt wurde. George stand bleich neben mir. Eine Horde junger Leute lief dem nach, der an der Bühne entlanggehastet war. „Er atmet nicht mehr!" „Polizei! Polizei!" Zitternd legte ich meine Gitarre zur Seite. Ein Mann ließ die Leute zurücktreten. Jetzt konnte ich besser sehen. „Das ist doch Paul. Natürlich ist er es!" Ich versuchte, mich durch die Menge zu drängen, aber es war unmöglich, an Paul heranzukommen. So stieg ich wieder auf die Bühne. Eine Bahre wurde herbeigetragen. Der Polizeiarzt war gekommen und beugte sich über Paul. Langsam richtete er sich auf, nahm seine Dienstmütze ab und senkte den Kopf. Eine unheimliche Stille herrschte im Center. Ich konnte kaum atmen. Mit eisernen Krallen würgte mich die Angst. „Er ist tot", sagte der Arzt leise.

Polizisten standen am Ausgang. „Keiner verläßt das Lokal", dröhnte es aus einem Polizeilautsprecher. Alle mußten sich setzen. Paul lag in einer Blutlache. Neben ihm, etwa einen halben Meter entfernt, ein Messer. Eine Razzia begann. Jeder mußte sich ausweisen. Den Mann, der weggelaufen war, hatte man an der Tür erwischt. Ein Beamter führte ihn mit Handschellen ab. Die Polizei fotografierte den Tatort und markierte mit Kreide den Umriß der Leiche. Dann wurde Paul auf die Bahre gelegt und hinausgetragen.

Mir war entsetzlich flau im Magen. Ich konnte nicht fassen, was geschehen war. „Eben lebte er doch noch! Ich hatte doch mit ihm gesprochen. Und jetzt, wo war er jetzt?" Keine Antwort!

„Kommt, macht Musik, das Geschäft muß weitergehen!" Diese Worte des Geschäftsführers rissen mich aus meinen Gedanken. „Ja, das Geschäft muß weitergehen!" hörte ich Pit neben mir murmeln.

Der schöne Jonny war sofort tot

Die Frage nach dem Sinn des Lebens und nach der Existenz Gottes beschäftigte mich nun immer intensiver. Oft unterhielt ich mich mit meinen Bekannten darüber, aber die meisten lachten über mich.

Eines Tages traf ich einen jungen Mann, der sich im Gefängnis mit okkulten Dingen beschäftigt hatte. Er erzählte mir allerlei merkwürdige Dinge über Magie. In mir hatte er einen sehr interessierten Zuhörer gefunden. „Du mußt mich mal besuchen. Bei uns in der Nähe wohnt ein alter Mann, der sich auf diese übernatürlichen Dinge versteht. Er liest dir zum Beispiel aus deiner Hand die Zukunft. Auch auf die Konstellation der Sterne versteht er sich. Viele Leute hat er von Krankheiten geheilt, bei denen die Ärzte am Ende ihrer Kunst waren. Neulich hat er eine Frau gesundgemacht, die die Ärzte aufgegeben hatten. Auch kann er aus seinen Karten lesen, wie alt du wirst. Weißt du, dieser Mann steht in direkter Verbindung mit den Verstorbenen." Eine unheimliche Angst beschlich mich, aber ich wollte mehr von diesen unerklärlichen Dingen wissen, und so bat ich ihn, weiter zu erzählen. „Wir haben einen Kreis von Gleichgesinnten, und dieser Mann ist unser ‚Medium'." „Medium? Was ist denn das?" fragte ich erstaunt. „Das Medium ist die Mittelsperson zwischen der Geisterwelt und uns. Es ist zum Beispiel möglich, durch unser Medium mit Paul, der vor einiger Zeit ermordet wurde, in Verbindung zu kommen."

Das Herz klopfte mir bis zum Hals, denn ich sah in eine Welt, die mich fesselte, die Macht über mich gewann und mich in ihren Bannkreis zog. Aber Jonny, der die ganze Zeit schweigend neben mir gesessen hatte, fing an, schallend zu lachen. „So ein Unsinn", rief er. „Volksverdummung! Du hast ja nicht mehr alle. So etwas gibt es doch nicht. Kann's gar nicht geben. Genauso ist das auch mit dem Märchen vom lieben Gott oder auch vom bösen Gott — wie man will. Ich bin felsenfest davon überzeugt, daß es ihn nicht gibt, daß es ihn nie gegeben hat. Wollen wir mal ein Experiment machen? Ich will euch beweisen, daß es keinen Gott gibt. Wenn es ihn geben sollte, werde ich innerhalb der nächsten 14 Tage sterben. Aber ich garantiere euch, daß ich munter und fidel weiterleben werde. Ich glaube, alles ist nur eine Erfindung der Frommen. Diese Leute werden mit dem realen Leben nicht fertig, und deshalb müssen sie sich auf ein besseres Jenseits vertrösten." Einige Mädchen hatten sich zu uns gesetzt. Wir schauten alle gespannt auf Jonny, und jedem war wohl etwas merkwürdig zumute. „Seht euch doch mal die Christen an", fuhr Jonny aufgebracht fort, „Geldschneider sind sie, weiter nichts." „Aber das kann man doch nicht so pauschal sagen", fiel ein Mädchen Jonny in die Rede. „Bei uns im Haus wohnt ein junges Ehepaar, das wirklich echtes Christsein praktiziert. Ich finde die beiden prima, denn bei denen merkt man, daß Gott für sie eine Realität ist." — „Naja, vielleicht sind das besonders nette Leute, — aber ich bleibe dabei: Es gibt keinen Gott. Ihr werdet ja sehen, daß ich recht habe. Also, wir werden das Experiment riskieren." „Aber mit Gott kann man doch nicht so einfach experimentieren", wagte ich erschrocken einzuwenden. „Aber Tony, warum denn nicht?"

Nach einigen Tagen kam der junge Mann, der mir von dem Medium erzählt hatte, aufgeregt zu mir und sagte: „Du, es ist etwas Entsetzliches passiert. Jonny ist tot. Er ist vom zweiten Stockwerk eines Neubaues in Hamburg-Wandsbeck heruntergestürzt und war auf der Stelle tot. Ist mit dem Kopf in einen Zementhaufen geflogen, — Genick gebrochen. Er ist so unkenntlich, daß ihn nicht einmal seine Eltern mehr erkennen konnten. Morgen um 16 Uhr ist die Beerdigung. Übrigens, gestern ist die Hälfte seines angegebenen Termins verstrichen. Genau sieben Tage! Er sagte doch: ‚Wenn es einen Gott gibt, werde ich innerhalb 14 Tagen sterben.' Nun, Jonny ist tot!"

Ich war wie gelähmt, und durch meinen Kopf raste es: Sollte Gott auf Jonnys Spott geantwortet haben?

Jonny war ein sehr charmanter Bursche gewesen. Bei allen beliebt. So war es kein Wunder, daß viele junge Leute zur Beerdigung kamen. Als ich hinter dem Sarg herzog, brach die Frage nach dem Sinn des Lebens wieder ganz neu in mir auf. Ich sah den Pastor, die Eltern, die Freunde, mich selbst — und mitten unter uns stand der Sarg.

Leben und Tod waren für mich in diesen Augenblicken wieder einmal hart aufeinandergeprallt. Nur eine Frage war für mich jetzt aktuell: Wenn es den Gott der Lebendigen gibt, dann müßte dieser auch der Gott der Toten sein?! Dann kann mit dem Tode nicht alles aus sein! —

Festival

Viermal in der Woche waren wir nun engagiert. Unser neuer Manager hatte für hohe Gagen garantiert; er hatte keineswegs zuviel versprochen. Im Gegenteil! Wir bekamen jeder pro Stunde so viel Geld, wie ein einfacher Angestellter in der Woche verdiente. Unser Baßmann, Jim, fuhr einen weißen Mercedes-Sportwagen, der Manager einen roten Chevrolet.

Wir hatten nun viel Geld. Rundfunkinterviews und erste Schallplattenaufnahmen brachten auch einiges ein. Aber trotz allem war ich unzufrieden. Das Show-Geschäft erfüllte mich zwar für die Zeit, in der ich auf der Bühne stand; nach den Auftritten aber überfiel mich Niedergeschlagenheit. Oft langweilte mich alles. Selbst Menschenmassen, die tanzend unsere Songs mitsangen oder kreischten, machten bald keinen Eindruck mehr auf mich.

Eines Abends fuhren wir zu einem Festival nach Travemünde. Wir befanden uns auf der Autobahn. Im Wagen des Managers saßen zwei Mannequins, eine Fernsehansagerin und ich. Vor uns fuhr Jim mit seiner Freundin Silvia. Plötzlich sprang in einer scharfen Linkskurve die Tür des Mercedes auf, und Silvia wurde herausgeschleudert. „Paß auf!" schrie die Fernsehansagerin unserem

Manager zu. Der trat voll auf die Bremse, und ich flog über den Sitz hinweg nach vorn. Eines der Mannequins schlug mit der Stirn gegen die Scheibe. Unser Wagen kam kurz hinter dem Sportwagen zum Stehen. Wir rissen die Türen auf. „Wo ist sie?" „Dort unten!" „Silvia, bist du verletzt?" „Nein, ich glaube nicht! Nur mein Knie schmerzt ein wenig, aber ich denke, sonst ist alles in Ordnung." „Du hast vielleicht Glück gehabt, Silvi!" meinte kopfschüttelnd der Manager. „Ich bin so froh, daß dir nichts passiert ist, mein Schatz", atmete Jim erleichtert auf. „Du hast einen guten Schutzengel gehabt", fügte er langsam hinzu und strich über Silvias Haar. „Schutzengel" hatte er gesagt. Glaubte etwa auch er, daß es eine Welt geben müsse, die unseren Augen verborgen ist, aber unser Leben beeinflußt?

Im Kursaal in Travemünde traten wir in einer Show auf, in der neben Billy Mo auch Zarah Leander, Heidi Brühl und Peter Alexander mitwirkten. Michael Jarin vom Norddeutschen Rundfunk begleitete uns auf einem Flügel. Während wir spielten, dachte ich, wieviel junge Leute es geben mochte, die sich wünschten, auf der Bühne zu stehen und in einer Show mitzuwirken. Ich hatte dieses Ziel erreicht — und war sehr unglücklich dabei. An diesem Abend erkannte ich, daß der Sinn meines Lebens nicht darin bestehen konnte, Menschen zu unterhalten oder sie in Ekstase zu versetzen. Aber was sollte ich tun? Keine Antwort! Als ich in dieser Nacht — es mag vier Uhr morgens gewesen sein — nach Hause kam, fand ich meine Mutter kniend vor einem Sessel. Vor ihr lag die aufgeschlagene Bibel. Sie betete. Wie oft hatte ich sie schon so angetroffen! Und wie schon oft, sagte ich auch in dieser Nacht: „Du solltest längst schlafen, Mutti, und nicht die ganze Nacht unnütz verschwenden!"

Hinter den Kulissen

Zwei Tage später haben wir einen Auftritt in einem großen Hamburger Beatclub. Wir spielen neben anderen in- und ausländischen Beatbands.

Der Vorhang ist geschlossen. Ein Ansager ruft den Namen unserer Band in die Menge Hunderter junger Leute. Die Beleuchtung wechselt von grellem Blau zu Schock-Orange. George beginnt am Schlagzeug. Die Menge schreit. Der Vorhang öffnet sich. Mit vier Schritten im Takt erreichen wir den Bühnenrand und singen den Titel: „What I say . . ." Die jungen Menschen drängen sich zur Bühne. Sie wollen uns ganz nahe sein. Jungen und Mädchen strecken uns die Hände entgegen. Sie wollen uns fassen, erfassen und sind bereit, in uns aufzugehen. Der Beat „schlägt" ihre Seelen und bemächtigt sich ihrer Körper. Wir singen: „What I say." Immer nur „What I say . . ." Ich sehe vor mir eine brodelnde Masse — und diese Masse ist uns hörig. Wir steigern die Ekstase, indem wir die Phonstärken herabsetzen oder unvermittelt zu voller Lautstärke übergehen. Wir variieren mit den Instrumenten: Das Schlagzeug löst die Gitarren ab, dann wiederum singen wir ohne Instrumente. Fünfundzwanzigmal „What I say . . ." Die Menge tobt, ist

fasziniert, hypnotisiert — und wir können alles von ihr verlangen.

Ich sehe und höre dies alles, als ob es ein böser Traum wäre. Abscheu ergreift mich — vor mir selber. War nicht ich es, der dazu half, diesen jungen Menschen die Freiheit zu nehmen? Waren nicht wir es, die sie in Ekstase schleuderten, ihnen die Persönlichkeit nahmen, sie beherrschten und versklavten?

In der Menge bemerke ich ein Gesicht, das mir die Masse zu umschließen, zu symbolisieren scheint. Dieses Gesicht eines Jungen ist naß von Schweiß, und es ist, als ob er mir verzweifelt zuschreien würde: „Gib mir deine Pillen! Gib sie mir, sonst sterbe ich. Gib mir Leben! Siehst du nicht meine Angst, meine grenzenlose Angst vor dem Morgen...?" Und dann sehe ich sie vor mir: den verwundeten Schläger am Ponton, den jungen Österreicher, ich sehe Angélique's leblose Augen hinter der Scheibe, sehe Paul und neben ihm das Messer — und dann blicke ich in Jonnys lachende Augen und sehe seinen Sarg neben ihm stehen.

Aus weiter Ferne höre ich das Pausenzeichen. Automatisch lege ich meine Gitarre weg und gehe hinter die Bühne. Ich habe genug, genug von diesem verdammten Sein, das sich Leben nennt. Einen Augenblick sehe ich meine Mutter — kniend vor ihrem Sessel. Mechanisch falte ich die Hände und flüstere in das Toben, das mich umgibt und das ich selbst mit produziert hatte: „Jesus Christus, wenn du wirklich lebst, dann zeige mir das. Hier sind meine Probleme..."

Die „Beat-Brothers", die nun ihren Auftritt hatten, kommen lächelnd an mir vorbei. Sie nicken mir freundlich zu, und einer sagt ironisch: „Die Stimmung ist gut. Es ist angeheizt. — Wir werden die Leute nun zum Glühen bringen *und dann fertigmachen.*"

Konsequenzen

Am darauffolgenden Sonntag ging ich zum Gottesdienst. Unsicher und beklommen setzte ich mich in die letzte Bank. Warum war ich gekommen? Ich konnte es nicht genau erklären. Ich wußte nur, daß ich hierher gehen mußte. Eine starke Sehnsucht nach Gott hatte mich gepackt und getrieben.

Meine Augen gewöhnten sich allmählich an das Halbdunkel. Es war früh, die Lampen noch nicht eingeschaltet. Aufmerksam betrachtete ich jeden, der die Kirche betrat. Auf den meisten Gesichtern lag Gleichgültigkeit, Langeweile, Kälte, kein Erwarten. Ich war enttäuscht und fragte mich, was diese Leute wohl bewegen mochte, zum Gottesdienst zu kommen. Ich dachte an die Beat-Fans. Sie kamen alle mit großen Erwartungen zu den Beat-Abenden. Beat bedeutete für sie Leben, wenn auch nur Scheinleben für kurze Zeit. Aber diese Leute hier schienen nichts zu erwarten. Dabei saßen sie vielleicht Sonntag für Sonntag an der „Quelle des Lebens", des echten, lohnenden Lebens.

Die Glocken begannen kraftvoll zu läuten, die Lampen leuchteten auf und die Orgel setzte zum feierlichen Vorspiel an. „Wenn Menschen Gott nicht mehr von Herzen zu loben vermögen, dann tut es wenigstens leblose Materie", dachte ich.

Die Kerzen auf dem Altar flackerten. Vorne im Chorraum mußte irgendwo eine Ritze in einem der hohen, bunten Fenster sein, durch die der Wind streichen konnte. In diesem Augenblick sah ich mein Leben wie eine dieser flackernden Flammen, mein Leben voll Unruhe, Angst und Suchen. Unwillkürlich begann ich zu beten: „Herr, mach du mich still. Gib mir die Festigkeit, daß kein Wind mich mehr bewegen kann. Sage mir, was ich tun soll!"

Das Gemeindelied war verklungen, und der Pastor im Ornat trat mit einer riesigen aufgeschlagenen Bibel vor die Gemeinde. Mühsam unterdrückte ich ein Lächeln, denn mir kam dies alles „gemacht" vor.

Ironisch dachte ich: „Alles fürs Geschäft! Der tut's mit schwarzem Rock und Halskrause — und ich tu's mit Silberbrokatjacke und eleganten Reitstiefeln!" Schon wollte Ärger in mir hochkriechen, doch da fing der Pastor an zu lesen. Plötzlich versank alles um mich her. Ich hörte nicht mehr den Menschen, der aus der Bibel las, — sondern ich hörte Jesus, der mir zurief: „Verkaufe alles, was du hast, und folge mir nach!" Und weiter: „Will mir jemand nachfolgen, der verleugne sich selbst und nehme sein Kreuz auf sich und folge mir. Denn wer sein Leben erhalten will, der wird's verlieren; wer aber sein Leben verliert um meinetwillen, der wird's finden. Was hülfe es dem Menschen, wenn er die ganze Welt gewönne und nähme doch Schaden an seiner Seele?" Ich sah, wie sich die Flammen der Kerzen jetzt still und steil emporstreckten.

Die Gemeinde begann zu singen:

„Mir nach, spricht Christus unser Held, mir nach, ihr Christen alle! Verleugnet euch, verlaßt die Welt, folgt meinem Ruf und Schalle; nehmt euer Kreuz und Ungemach auf euch, folgt meinem Wandel nach."

Ich vermochte keinen Ton herauszubringen. Die Gedanken jagten einander — und langsam begriff ich, was dieses „Jesus nachfolgen" für mich bedeuten würde. Dies hieße, meine Karriere hingeben; dies hieße, über mein Leben, meine Zukunft nicht mehr eigenwillig verfügen und entscheiden können. Das bedeutete, daß ich Gott völlig ausgeliefert sein würde. Furchtbare Angst durchzuckte mich. Ich spürte, wie meine Hände kalt und feucht wurden. Und auf einmal erschien mir mein vergangenes Leben hell und voller Glanz, kein Mißton, keine Resignation, keine Angst — und in mir schrie es: „Herr, nimm mir bitte nicht alles. Ich will dir nachfolgen; du weißt es, aber laß mir meine Musik, meine Karriere. Ich will dir alles Geld geben, das ich damit verdiene. Vielleicht könnte ich einige Missionare finanziell..." Die Kerzen flackerten. Ich schloß die Augen.

Der Gottesdienst ging zu Ende, ohne daß ich ein Wort von der Predigt erfaßt hätte. Als die Leute an mir vorbeikamen, mich neugierig und kopfschüttelnd musternd — „Unerhört, so'n verkommener Beatle im Gottesdienst...!" — merkte ich, daß auch ich gehen und entscheiden mußte.

Ziellos stolperte ich durch die Straßen und hörte nur das eine: „Verkaufe alles. Alles, was du hast, und folge mir nach..."

In der folgenden Nacht schlief ich nicht. Gegen Morgen hatte ich mich aufgegeben. Ich nahm meine Gitarre und strich über ihre Saiten — zum letzten Mal. Dann verpackte ich meine Brokatjacke, meine extravagante weiße Lederjacke, meine Stiefel und alles, was zu meiner Ausrüstung als Beatsänger gehörte. Ich löschte die Tonbänder und trennte mich von meinen Beatplatten. Ich zerbrach sie. Jeder Knall befreite mich mehr von dem Druck, der mich würgte.

Noch am gleichen Tag verkaufte ich meine „Erinnerungen". Nur meine Gitarre behielt ich zurück. Ich ließ mir mein langes Haar kürzen — und nichts erinnerte mehr an den Beatsänger „Tony".

Vielleicht wird der Leser mein Tun kritisieren, es für übertrieben, überspannt halten. Vielleicht beschleicht ihn Furcht vor diesem Gott, der fordert, in seinen Augen unbarmherzig fordert. Wie man auch denken mag, ich stehe noch heute zu meinem Handeln, denn ich weiß, daß Gott mein Leben nur mit dieser Voraussetzung brauchen und fruchtbar machen kann. Ich möchte aber betonen, daß ich aus meiner Führung kein Gesetz für andere mache. Gott hat für jeden Menschen einen eigenen Plan, eine besondere Führung. Für ihn gibt es keine Schablonen. Auch möchte ich an dieser Stelle an Cliff Richard erinnern. Er konnte nach seiner bewußten Hinwendung zu Christus im Show-Geschäft bleiben, denn er hat dort vielleicht seine Aufgabe, für Gott zu arbeiten.

Natürlich blieben nun die Anfechtungen nicht aus. Meine Freunde zweifelten an meinem Verstand. Keiner konnte begreifen, daß ich meine Karriere, die sich deutlich abzeichnete, in den Wind blasen wollte. Es ist nicht meiner Kraft, meiner Charakterfestigkeit gutzuschreiben, daß ich überwinden und durchhalten konnte, sondern allein meinem Herrn und Gott.

Auf der Schulbank

Mein Leben hatte sich nun äußerlich sehr verändert, aber ich hatte keine Freude, keinen inneren Frieden. Zweifel verfolgten mich bis in meine Träume. Hätte ich nicht froh sein müssen? Ich wußte doch, daß der Herr der Himmel und der Erde über mir wachte; ich wußte doch, daß Jesus Christus mir meine Schuld abgenommen hatte und neben mir ging. Jeden Tag fragte ich nach dem Warum — und jeden Tag holte ich meine Gitarre aus ihrem Kasten. Ich spielte nicht — ich schaute sie nur an. Wie schön sie war — blau — glitzernd! — Und dann sah ich sie auf einmal zwischen Gott und mir stehen, und ich merkte, wie mein Herz sie festhielt, mit jeder Faser festhielt. „Gehe hin und verkaufe *alles!*" hämmerte es in meinem Kopf. „Aber ich habe doch schon alles verkauft", verteidigte ich mich, „und was die Gitarre angeht, — schließlich kann man solch ein Instrument auch mal zu gottesdienstlichen Zwecken verwenden. Natürlich, man konnte das ausgezeichnet! Hatten die Leute von der Heilsarmee nicht auch Gitarren? Naja, zwar keine so blauglitzernden, aber Gitarre blieb Gitarre!" Damit wollte ich das leidige Kapitel abschließen, aber ruhig wurde ich nicht. „Verkaufe *alles! alles!*" pochte es, bis ich eines Nachmittags blutenden Herzens meine geliebte, kostbare Gitarre weit unter ihrem Wert in der Nähe des Springer-Hochhauses verkauft hatte. Etwas Merkwürdiges geschah: Plötzlich war ich innerlich sehr still, eine unerklärliche Freude erfaßte mich, daß ich mich beherrschen mußte, den vorübergehenden Passanten nicht zuzurufen: „Leute, was bin ich glücklich! Mit diesem Jesus Christus ist das wirklich 'ne dolle Sache. Man reißt sich was vom Herzen und meint, daß man daran wohl sterben müsse, aber man wird stattdessen nur lebendiger. Erklären kann ich's euch nicht. Man muß das einfach ausprobiert haben!"

Jetzt war ich wirklich frei — und frei für Gott.

Immer dringender wurde nun in mir der Wunsch, für diesen Jesus Christus zu arbeiten. Aber sogleich machten sich Komplexe breit. Was konnte ich schon für ihn tun? — mit nur Volksschulbildung und einer kaufmännischen Lehre. Brauchte Jesus nicht die Klügsten, die Gebildetsten für sein Werk?

Nach einigen Tagen besuchte uns unser Gemeindepastor. Beim Weggehen legte er einen Handzettel auf den Tisch. Ich las die fettgedruckte Schlagzeile und wußte die Antwort Gottes auf mein Fragen. Noch heute sehe ich die Buchstaben dieser Zeile vor mir: Missionare gesucht für Südamerika! Ja, dies war die Antwort. Missionar sollte und wollte ich werden, um vielleicht in Brasilien in einer Gemeinde deutscher Auswanderer zu arbeiten.

Jedoch nach vielem Beten wurde mir klar, daß ich erst das Abitur machen müsse. Aber wie? Es schien alles unmöglich. Wie sollte ich das schaffen? Doch wie sehr ich auch versuchte, den Gedanken beiseite zu schieben, es gelang mir nicht. So blieb mir nichts anderes übrig, als mich nach einer geeigneten Schule umzusehen. Ich fand sie, ein Gymnasium in Hessen, in dem man nach vier Jahren konzentriertem Arbeiten die Hochschulreife erreichen konnte. Aber leider war in diesem Gymnasium (Internat) augenblicklich kein Platz mehr frei. Ich fuhr aber trotzdem zur Aufnahmeprüfung und wartete. Wenige Tage vor Schulbeginn erhielt ich ein Telegramm: „Aufnahme ins L.-Kolleg möglich! — Bitte sofort Antwort." Was war geschehen? Das Gymnasium hatte nur fünfzehn Plätze frei gehabt. Ich war der sechzehnte Anwärter auf der Liste. Doch nun hatte einer der gemeldeten Schüler abgesagt, und somit rutschte ich auf den fünfzehnten Platz und ins Gymnasium.

Eine „tiefe Leidenszeit" nahm ihren Lauf. Mathematik, Latein, Physik..., mir schien kein Fach zu liegen. Nicht einmal in Musik zeigte sich Begabung. Als ein Schüler, der schon sechs oder sieben Jahre in einem anderen Gymnasium zugebracht hatte, an der Wandtafel eine mathematische Aufgabe löste und ohne Zwischenrechnung, scheinbar ohne Schwierigkeiten, das Ergebnis hinschrieb, entschwand der letzte Optimismus. Ich wollte nichts mehr, nur noch Koffer packen und zu Muttern nach Hause.

Aber ich blieb, wohl mehr aus Stolz als aus Mut. In den ersten Sommerferien fragte mein Vater, ob ich es schaffen würde oder ob alles Geld zum Fenster rausgeschmissen wäre. Dies verwundete mein sowieso schon zerschundenes Selbstbewußtsein aufs allertiefste, und wütend begann ich, in diesen Tagen fast täglich zehn Stunden

Mathematik zu üben. Und siehe da, die Sache lichtete sich erheblich. Da ich auch kein besonders fähiger Lateiner war, übersetzte ich in den letzten Sommerferien vor dem Abitur den gesamten „Bellum Jugurthinum" von Sallust. Die Arbeit hatte sich gelohnt. Als einer der acht Abiturienten machte ich meine Reifeprüfung. — Unsere Klasse war im Lauf der Jahre von sechzehn auf acht Schüler zusammengeschrumpft.

Und nun: Auf in eine Missionsschule und dann nach Südamerika? Nein! Während meiner Schulzeit wurde mein Blick immer intensiver auf Deutschland gerichtet. War Deutschland nicht Missionsland? Haben wir in Deutschland nicht ein Neu-Heidentum?

So begann ich, Theologie zu studieren, und versuche nun daneben, in missionarischen Einsätzen das weiterzugeben, was meinem Leben Sinn und Ziel gegeben hat. Früher habe ich den jungen Leuten Scheinleben-Pillen angeboten, heute biete ich ihnen Jesus Christus an, weil nur er allein echtes, lohnendes Leben gibt. Ohne Jesus sind wir tot. Ich kann dies so überzeugt sagen, weil ich das „Leben" und *das* Leben kenne.

Bremer Freimarkt

„Freut euch des Lebens ...", schwillt es breit aus der Karussell-Orgel. Einige Kinder fliegen über uns in weitem Bogen in ihren kleinen Karussell-Sesseln hinweg. Sie lachen und schreien vor Vergnügen. Wir, ein Freund und ich, verteilen Traktate und sprechen mit den Leuten über Christus.

„Wissen Sie, wo Sie die Ewigkeit zubringen?" frage ich einen Losverkäufer. Sein Gesicht wird rot, und der kleine Eimer mit den bunten Röllchen darin gerät heftig ins Schwanken. Ärgerlich faucht er mich an: „Wo ich meine Ewigkeit zubringe? — Das geht Sie einen Dreck an. Jedenfalls zwei Meter unter der Erde, wo denn sonst? Habe meinen Platz auf dem Friedhof schon bezahlt. Jeden Freitag gehe ich hin und schaue ihn mir an. — Und jetzt hauen Sie bloß ab, — sonst kauft keiner mehr ein Los!"

Wir gehen weiter. Hinter der Kasse eines kleinen Riesenrades sitzt der Besitzer mit seiner Frau. „Zwei Karten gefällig?" ruft er uns zu. „Nein, danke, aber könnten Sie uns sagen, was Sie von Christus halten?" Sprachlos starren uns beide an. Nach einer Weile hat sich der Mann von seiner Überraschung erholt. „Na, so wat hat mich noch keener gefragt, nich mal de Paster."

Seine Frau nickt bekräftigend. „Wissen Sie, es würde mich ernstlich interessieren, was Sie von Jesus Christus denken?" erwidere ich. „Tja, so genau weiß ich über das auch nicht Bescheid, aber ich glaube, *der* war schon in Ordnung." Lebhaft fällt seine Frau ein: „Nee, gegen det Christentum häven wi nix. Nur sin diejenigen, die immer so fromm tun, meistens die Schlimmsten. Sunntags renn'n se in de Kerk, und in de Woch sin se des Tüfels schlecht. Nä, nä, mit so wat will ik nix ton hem." Unbemerkt ist der Sohn des Riesenradbesitzers herzugetreten. Unvermittelt fragt er: „Ja, das interessiert mich schon lange. Gibt es denn überhaupt einen Gott? — Und Jesus — vielleicht war das nur ein Wesen von einem andern Stern?" Wir versuchen seine Fragen so gut wir können zu beantworten. Dann kommen wir auf Schuld und Vergebung und auf den Sinn des Lebens zu sprechen. Er gibt uns in allem recht, aber als wir fragen, ob er es denn nicht einmal mit diesem Jesus Christus „probieren" wolle, winkt er ab und meint, er müsse sich doch diese Sache erst mal gründlich durch den Kopf gehen lassen.

Wir kommen zum „Gläsernen Irrgarten". Ein Mädchen schlägt mit voller Wucht gegen eine Scheibe. Unsicher und vorsichtig tastet es sich nun weiter. So ist das auch mit unserem Leben. Wir tasten uns mehr oder weniger vorsichtig vorwärts, aber irgendwann schlagen wir doch gegen eine unsichtbare Wand, muß ich denken.

An der Geisterbahn vorbei kommen wir zu einem großen Losverkaufsstand. Mit dem Besitzer haben wir ein langes Gespräch. „Wissen Sie", sagt er, „mit zwölf Jahren war ich mal in einer Zeltversammlung. Damals habe ich mich für Jesus entschieden. Ich habe mir vorgenommen, ihm nachzufolgen, aber dann sind meine Eltern gestorben. Später habe ich geheiratet und den Verkaufsstand hier übernommen. Wir sind immer unterwegs und haben für nichts mehr Zeit. Aber manchmal überkommt es mich — ich weiß nicht, ob Sie das verstehen —, da möchte ich am liebsten ganz was für Jesus tun, aber . . ." „. . . er ging traurig weg, denn er hatte viele Güter."

Eine junge Kesselverkäuferin preist mit schriller Stimme ihre Ware an. „Kaufen Sie, junger Mann! Sehen Sie diesen reizenden Kessel. Ihre Frau oder Ihre Freundin wird entzückt sein! Kaufen Sie! Für diesen Preis kriegen Sie solch ein kostbares Stück nie wieder. Äußerst preiswert, fast geschenkt!" Sie legt eine Verschnaufpause ein, wir beginnen mit unserer Werbung. Wir preisen ihr das Kostbarste — ganz gratis an. Wir erzählen, wie Jesus Christus uns umgekrempelt hat, und wir sagen ihr, daß Gott sein kostbarstes Gut: Jesus, ihr anbietet, aber sie lehnt ab. „Verzieht euch! Ihr seid ja besoffen! Mir macht ihr nichts vor. Ist ja die Höhe, anständige Leute so zu veräppeln!"

Auf der Reeperbahn

Heiligabend.

Um 20 Uhr gehe ich von zu Hause weg. Ich sehe die Straße hinunter. Trotz der hellen Beleuchtung wirkt sie heute abend tot. Ich biege in die sonst sehr belebte breite Straße ein, aber auch sie ist heute allein, einsam. Nur vereinzelt fahren Wagen an mir vorüber. Wagen, die es sehr eilig zu haben scheinen. Sicher wollen ihre Insassen bald unter einem Dach sein. Schließlich muß man schon sehr weit heruntergekommen sein, wenn man den Weihnachtsabend auf der Straße verbringt.

Ich erreiche die Station der Untergrundbahn. Der Mann hinter dem Schalter sieht mich erstaunt an. Ich verlange: „Einmal St. Pauli, bitte!" Der Mann reckt sich, um mich genauer sehen zu können, und fragt ungläubig: „Wie? — St. Pauli?!" „Ja, eine Karte!" Er reicht mir den Fahrschein, und an seinem Blick kann ich seine Gedanken erkennen: „Is ja woll nich to fassen. So 'n Junge will heute nach St. Pauli, man sicher auf de Reeperbahn. Diese Jugend von heute, — nich mol de Heilige Abend is ihr mehr heilig."

Die U-Bahn hält nahezu lautlos neben mir, und ich steige ein. Das Abteil ist fast leer. Zwei Italiener sitzen mit dunklen, traurigen Augen in eine Ecke gekauert, und ein Betrunkener murmelt unzusammenhängende Sätze vor sich hin. Endlich sehe ich draußen an der Hallenwand in großen Lettern „St. Pauli" geschrieben.

Ich eile zur Reeperbahn. Auch in den kleinen Straßen mit den vielen Nachtclubs ist es heute ruhiger. Ich sehe eine Schwester der Mitternachts-Mission; sie spricht mit einer Prostituierten und weist sie zu einem Lokal, über dessen Tür in großen Buchstaben „Silbersack" leuchtet. Ich muß grimmig lächeln und denken: Der Name paßt! Wieviel „Silber" wird hier schon aus Brieftaschen gelockt und gestohlen worden sein! — Im Lokal begrüße ich einige Mitarbeiter der Mitternachts-Mission. Sie sind damit beschäftigt, Männern in schäbiger Kleidung und Prostituierten, reich mit Modeschmuck behangen, Tee und Gebäck anzubieten.

Die drei langen Tische zwischen den Säulen sind weihnachtlich geschmückt. Über allem liegt heute Wärme und Behaglichkeit. Man merkt den Frauen und Männern an, wie geborgen und wohl sie sich fühlen. Und sie erzählen — nein, keine schmutzigen Witze —, heute erzählen sie von zu Hause.

„Wißt ihr, wir hatten ja als Kinder nicht viel zu beißen, weil Vatern alles versoffen hat. Aber Muttern, ja, die war richtig, da gibt's nix! Die sorgte immer dafür, daß wir wenigstens an Weihnachten 'ne Kleinigkeit kriegten. Muttern war sehr anständig, — aber einmal, wißt ihr ...", dem Erzähler rollen Tränen über die faltigen Wangen, mit dem Handrücken wischt er über das verhärmte Gesicht, „... einmal, da wünschten wir uns — wir waren so zwölf Bälger, naja, da wünschten wir uns auch 'en Weihnachtsbaum. Und wir hatten doch kein Pfennig für so 'ne Späße über. Tja, und da is Muttern einfach losgezogen und hat — und hat...", er lacht und haut sich auf die Schenkel, „und hat ein klein Christbaum geklaut!" Alle lachen herzlich, und einer meint: „Hoffentlich ham se se nich erwischt. War ja doch für 'ne gute Sache geklaut!" „Näi, erwischt ham se se nich, aber Muttern hat uns danach gesagt, daß se furchtbare Angst gehabt hat. So, na vier Gendarms sin nämlich ständig auf und ab patrouilliert. Ach ja, Muttern, die war prima, — so 'ne Frau hab ich nie wieder getroffen. Die hat sich Tag und Nacht ehrlich abgerackert, damit wir nich verhungert sin. — Und nun liegt se schon lang unter der Erde, ich..." Er legt seinen Kopf auf den Tisch und schluchzt.

Andere beginnen zu erzählen — von Weihnachten daheim —, und auf einmal liegt auf allen Gesichtern ein sonderbares Leuchten. Und dann wird gesungen, ein Weihnachtslied nach dem anderen. Sie weinen — und sie singen vom Heiland und Retter der Welt, vom Kind in der Krippe und vom „Knaben im lockigen Haar" mit solcher Anbetung und Innigkeit, daß ich meine, dieser einfache, primitive Gesang wird vor dem Thron Gottes besser gehört als vielleicht manch ausgezeichnet einstudiertes Oratorium.

Ich setze mich auf einen Barhocker an der Theke. Ein junger Mann hockt sich neben mich. Wir kommen ins Gespräch miteinander, und er erzählt, daß er schon seit Wochen nicht mehr zu Hause wohne. Er habe Frau und Kinder „sitzengelassen", aber heute sei es ihm schwer, nicht bei seiner Familie sein zu können. — Aber er hätte sich ja das selbst eingebrockt. Ich muß an die Geschichte vom verlorenen Sohn (Lukas-Evangelium, Kapitel 15) denken und spreche darüber. Ich sage ihm, daß es für Gott große Freude ist, aus einem verpfuschten Leben ein wertvolles Leben zu machen, wenn wir bereit sind, seinem Sohn Jesus Christus das alte Leben mit all seinem Schmutz, seinem Versagen auszuliefern, um Vergebung zu bitten, uns vor ihm zu demütigen und ihm uns zu eigen geben.

Der Mann sieht mich verwundert an, als ob er so etwas noch nie gehört hätte. Ich sehe Tränen in seinen Augen, die er mühsam zurückzuhalten versucht, aber es gelingt ihm nicht. Er springt vom Hocker und ruft: „Taxi, bitte schnell! Ich muß nach Hause zu meiner Frau und zu meinen Kindern. Ich muß sie um Verzeihung bitten. — Vielleicht warten sie auch schon auf mich", fügt er zu mir gewendet hinzu.

Kurz vor zwölf verlasse auch ich das Lokal. Ich bin müde aber froh und möchte noch zur Christmette. Ein Taxi hält, und ich fahre zur Kirche. Nur im Mittelgang finde ich noch einen Stehplatz. Es riecht stark nach Alkohol. Welch ein Kontrast: In der Reeperbahnkneipe riecht es heute abend nach Tee und Gebäck und im Haus Gottes nach Schnaps!

Karfreitag.

„Hau ab! Aber dalli! Wenn du noch einmal deine Klappe aufreißt, renn ich dir das Messer in den Hals!" schrie der Portier. Ich trat drei Schritte zurück und predigte noch einmal eindringlich: „Mit guten Werken können Sie sich den Himmel nicht erkaufen! Sie brauchen Jesus Christus!" Tatsächlich zückte er das Messer und ging auf mich los. Nur in größter Eile konnte ich mich in Sicherheit bringen.

Was hatte diesen Mann so in Zorn gebracht?

An diesem Karfreitag war ich, wie jeden Freitag, zur Reeperbahn gefahren, um mich mit den Portiers, den Prostituierten und den Gästen über Christus zu unterhalten. Mit einem Portier — eben dem Messer-Portier — hatte ich an diesem Karfreitag Gelegenheit, länger zu sprechen, da er gerade „frei" hatte. Weit und breit war kein „zu lockender" Mann in Sicht. Er hatte also Zeit und hörte mich an, aber plötzlich unterbrach er mich: „Ich bin auch religiös, sogar sehr; ich bin katholisch! Ich verstehe gar nicht, was sie von mir wollen. Natürlich glaube ich nicht so wie Sie, aber ich habe auch meinen Gott. Wissen Sie, mein Vater war sehr krank. Ich ging zum Priester, gleich hier in der Nähe, und stiftete eine Altarkerze für 150,— DM. Aber mein Vater wurde nicht gesund. Es wurde eher noch schlimmer mit ihm. Ich rannte wieder zum Priester, und der sagte, ich sollte mal eine Messe lesen lassen. Das Geld war mir nicht zu schade. Ich wollte meinem Vater helfen. So habe ich drei Messen lesen lassen, — aber mein Vater ist gestorben."

Rasch, unbedacht und hart erwiderte ich: „Das Geld hätten Sie sparen können. Nicht durch viele gute Werke, sondern allein durch Jesus hätte Ihr Vater vielleicht gesund werden können." Und dann erlebte ich die Geschichte mit dem Messer.

Heute weiß ich, daß diese Sache einen anderen Ausgang hätte finden können, wenn ich Liebe und Verstehen für diesen Mann gehabt hätte. Ich hatte aus blindem menschlichem Eifer heraus geredet, ohne den Menschen in seiner Verzweiflung zu sehen. Wie hätte Jesus in dieser Situation gehandelt?

... da scheiden sich die Geister!

Rrrrrrr — — — — — Rrrrrrr

„Hier Tesch, bitte! —

Ja, er ist hier. Einen Augenblick, bitte! — —

Günter, Anruf für dich!"

„Wer ist es denn?"

„Ich hab's nicht richtig verstanden. Ein Herr Ümmler oder Brümmler ..."

„Ach, Mutti, das ist nett! Einen Herrn Brümmler kenne ich leider nicht! — — — Ja, hier Günter Tesch!

Sieghart, du bist hier? In Hamburg? —

Du, wir müssen uns unbedingt sehen. Du mußt mir erzählen. —

Also, alter Junge, komm um 11 Uhr hierher zu mir. Dann können wir miteinander losziehen. Tschüs, bis gleich!"

„Günter, wo willst du denn schon wieder hinziehen?"

„Keine Angst! Diesmal bloß zum Holthusen-Bad, zur Sauna."

„Wer war das denn — der Anrufer?"

„Das war ein Freund von mir. Ich habe ihn damals in Süddeutschland kennengelernt. Er ist Missionar — hat gerade Urlaub."

„Ach, Missionar? Arbeitet er in Afrika?"

„Wenn ihr was von Mission hört, dann denkt ihr sofort an Afrika oder Asien. Dabei sieht es in Europa, in unserem eigenen Land oft weit schlimmer aus als in Afrika oder sonstwo weit weg! — Sieghart arbeitet in Deutschland."

Um 11 Uhr war mein Freund bei mir, und im dichten Mittagsverkehr zuckelten wir zum Holthusen-Bad. Wir kauften Karten, duschten und gingen in die Sauna. Hier saßen in großen Holzsesseln zumeist dicke Männer und schwitzten gar sehr. Entgeistert starrten sie uns an: „Was wollen diese spindeldürren Jünglinge bloß hier?" sagten deutlich ihre Blicke. Antipathie umzingelte uns. Das tat uns leid, denn wir hätten ganz gern einige Pfund zugenommen.

Wir ließen uns aber unsere Freude nicht nehmen und erzählten uns von den Siegen, die wir mit Jesus Christus erlebt hatten, und mein Freund berichtete von den Schwierigkeiten in einer konzentrierten Missionsarbeit. Wir hatten unsere Umgebung vergessen und schreckten überrascht auf, als einer der anwesenden Männer wütend seine Zeitung zuschlug und den Raum verließ. Als ob die anderen nur auf dieses Startzeichen gewartet hätten, kam plötzlich ein allgemeiner Aufbruch in Gang. Innerhalb einiger Minuten hatten wir die Sauna für uns alleine. Wir wunderten uns ein wenig.

Nach einiger Zeit liefen wir in den Liegeraum. Dort lagen sie, unsere lieben, entflohenen dicken Freunde. Doch noch ehe wir richtig zum Liegen kamen, wurde auch hier alles beweglich. Alles, was Beine hatte, verließ fluchtartig den Raum. Nur ein Mann war geblieben, der eifrig Beingymnastik betrieb. In der Sauna hatten wir ihn nicht gesehen. Erstaunlicherweise entfloh er auch nicht, als wir wieder über Jesus Christus und unsere Missionsarbeit sprachen, er schien sogar interessiert zuzuhören. Als wir den Liegeraum verlassen wollten, um ins Schwimmbad nebenan zu gehen, sagte der fremde Zuhörer: „Es hat mich sehr interessiert und gefreut, was Sie da erzählten. Ich bin Missionsarzt und eben auf Heimaturlaub." Unsere Freude war sehr groß. Wenigstens einer auf unserer Seite!

Durch diese Begebenheit erkannte ich: Man kann über Religion reden und man hat freundliche, aufgeschlossene Zuhörer.

Man kann auch allgemein über Gott reden und darf zumindest auf ein wenig Interesse hoffen.

Aber sobald man anfängt, über Jesus Christus und sein Tun zu sprechen, scheiden sich die Geister.

Der Blonde vor der „Gedächtniskirche"

„Wat is'n hier los? Schon wieder 'ne Demonstration von die Studenten?"

„Ik wes nich, ick glob nich. De Polizei is so friedlich! Bin ock erst jekommen, aba en Student is es, der dort vorn wat sagt."

„Na, hab ik mir doch jleich jerochen! Wer macht Radau und Stunk? Imma diese Stud ..."

„Mensch, kannste nich mal en paar Sekunden deine Klappe halten? Ik will doch wat hör'n. Ma varsteht ja keen Wort."

„Sag det noch enmal, ha! Von dir laß ik mich de Schnauze noch lange nich verbieten, du! Bist woll ock ener von de ‚Roten‘ wa? Armes Barlin, wo biste hinjeraten. Keen' kannste mehr trauen! ..."

Immer mehr Leute liefen zusammen und drängten sich um den Bus der Freiversammlungs-Mission. Bis zu den Stufen der Berliner Gedächtniskirche standen sie. Der „Siegener Kreis" war voll in Aktion. Einige verteilten Traktate, andere hatten lebhafte Gespräche mit Passanten und Studenten. Gammler, die dösend auf den Stufen zur Kirche gelegen hatten, kamen in Bewegung. Sogar die Polizei mit ihren Funkgeräten in der Hand wurde in Gespräche verwickelt. „Was denken Sie über Christus?"

Diese Frage war überall der Anstoß zu heftigen Diskussionen.

Ich stehe auf der Kanzel, die im Bus eingebaut ist, und singe einen Gospel-Song. Da schiebt sich ein Mann mit Ellenbogengewalt durch die Menge. Man will ihn aufhalten, aber er schafft sich Bahn. Seine schulterlangen blonden Locken verdecken das Gesicht. Statt einer Jacke trägt er einen Überwurf aus Kaninchenfellen. Nun durchbricht er die erste Reihe, und im nächsten Augenblick springt er mir an den Hals und würgt mich. Betend denke ich: „Er darf dich nicht antasten!" Und der Mann läßt los. Er wirft sich auf den Bürgersteig, und kniend schreit er: „Satan, ich bete dich an, und ich gebe *dir* die Ehre!"

Albert, ein junger Evangelist, beginnt zu predigen, und die Menge hat den Vorfall scheinbar vergessen. Der Blonde aber steigt die Stufen der Gedächtniskirche hinauf und grölt über den Platz: „Ich bin Jesus!" Er bindet den Gürtel seiner Hose auf und läßt sie fallen. Splitternackt steht er vor der Menge. Eine vorübergehende ältere Dame ist starr vor Entsetzen.

Entsetzen ergreift auch mich, denn mir wird klar, welch unheimliche Macht Satan in unserer Zeit hat, wie er Menschen, die Gottes Geschöpfe sind, versklavt, ihnen alle Würde nimmt.

Ein sechsundzwanzigjähriger Mann, mit dem ich nach diesem Geschehen ins Gespräch kam, erklärte kalt und unberührt: „Ich habe dem Blonden vorhin für zwanzig Mark Haschisch verkauft. Er ist gerade ‚high'. Sonst ist er ganz normal."

Ein Gammler, der den ausgefransten Morgenrock seiner Mutter trug, gesellte sich zu uns. Er wollte Hasch kaufen. Der Händler aber hatte nichts mehr vorrätig. Das „Geschäft" war zu gut gegangen. Auf die Frage, ob er denn keine Skrupel bekäme, wenn er diese Auswirkungen sähe, entgegnete er: „Wenn ich es nicht verkaufe, tun's andere. Also, was soll's? Und was den Blonden angeht, er ist noch kein dramatischer Fall. Da sollten Sie mal in den Bunker gehn!" — Mit Verachtung nahm er die Zigarettenkippe aus dem rechten Mundwinkel und warf sie weg. „Predige du deinen Christus, aber laß mich weiter Hasch verkaufen!" Damit drehte er sich um und ging davon.

„Gott" gegen Gott

Herbst 1968 — Wien. Im Prater blüh'n nicht mehr die Bäume. Die Rasenflächen und Wege sind mit Laub bedeckt. Kinder lassen mit viel Lärm ihre Drachen steigen. Rauher Wind fegt um die riesigen Wohnblocks des 14. Bezirks. Menschen wohnen hier — glücklich — unglücklich — einsam — Tausende. Auf dem großen Platz steht das Evangelisations-Zelt. Schon am ersten Abend kommen viele.

Als ich mein erstes Lied zu singen beginne, werden meine Augen gewaltsam auf die erste Reihe gelenkt. Dort sitzt, gleich beim Mittelgang, ein alter Mann. Er trägt einen verbeulten Hut, ein langes Jackett mit einem breiten Ledergürtel darum und hat auf dem Rücken einen bepackten Rucksack. Seine Augen suchen mich zu fesseln. Nur mit äußerster Anstrengung kann ich mein Lied zu Ende bringen. Beim nächsten Lied gelingt es mir, ihn nicht anzusehen, obwohl eine unerklärliche Macht mich niederzudrücken versucht.

An diesem Abend findet keiner der vielen anwesenden Menschen zu Christus.

Am nächsten Abend sitzt der Mann, pünktlich wie schon am ersten Tag, um halb acht Uhr auf seinem Platz. Der Rucksack scheint zu seiner Kleidung zu gehören. Ich singe — und wieder dasselbe wie am Vorabend, aber plötzlich wird mir klar, daß ich es hier nicht mit einem einfachen Menschen zu tun habe, sondern mit einem Diener Satans. Während ich singe, bitte ich verzweifelt um die Deckung mit dem Blut Jesu Christi. Ich werde ruhig und kann dem Mann in die Augen sehen. Sie besitzen keine Macht mehr über mich. Auch an diesem Abend übergibt niemand sein Leben Jesus Christus.

Nach der Versammlung stelle ich den unheimlichen „Gast" und frage ihn, was er in der Evangelisation wolle. Mit einem Lächeln, das ich nicht beschreiben kann, antwortet er mir: „Ich bete gegen euch. Damit diene ich meinem Gott; damit bete ich ihn an. In der vorhergehenden Evangelisation war ich auch jeden Abend. In den vierzehn Tagen kam kein Mensch zum Glauben an eueren Gott."

Wir, das Evangelisations-Team, beteten nun intensiver und gezielter. Doch der Feind registrierte das und brachte Verstärkung mit: eine Frau und deren Sohn, ein österreichischer Schlagersänger. Beide gehörten einem spiritistischen Zirkel an. Wenn ich bis zu diesem Zeitpunkt nicht an eine tatsächliche Existenz Satans hätte glauben können, so wäre ich bestimmt an diesen Abenden von seiner Realität überzeugt worden. Aber ich erkannte auch, daß Jesus Christus der Sieger ist und bleibt, daß er am Kreuz der „Schlange" tatsächlich „den Kopf zertreten hat". Die Frau nämlich, die der 78jährige Teufelsanbeter mitgebracht hatte, wurde von Jesus überwunden und trat bewußt auf seine Seite. Viele, viele Zauberbücher, spiritistische Broschüren und zwei Pendel übergab sie uns zum Vernichten. Auch ihr Sohn war stark von der Botschaft Jesu angesprochen. Der alte Mann betete weiter gegen uns, aber er kam nicht mehr recht zum Zuge, denn Jesus überschritt das „Kampffeld" und holte sich Menschen zu seinem Eigentum heraus.

Nach einem der letzten Evangelisationsabende sprach ich noch einmal mit dem alten Mann. Er erzählte mir, daß er in einer spiritistischen Sitzung in Berlin von seinem „Gott" in einer Sekunde so viel Predigtstoff bekommen hätte, daß er danach 24 Stunden predigen konnte. Ich fragte: „Was haben Sie in Ihrem Rucksack?" „Spiritistische und okkulte Gegenstände", war die Antwort.

Daran wurde mir eines deutlich: Wo der lebendige Gott seine Leute zur Verkündigung seiner befreienden Botschaft hinsendet, schickt auch der Feind seine Leute, um die Verkündigung zu stören und unfruchtbar zu machen. Deshalb, meine ich, ist es die größte Aufgabe der gläubigen Gemeinde, im intensivsten Gebet hinter der klaren Verkündigung des Wortes Gottes zu stehen.

Ich glaube, daß wir augenblicklich in einer Zeit stehen, in der ein gewaltiger Kampf zwischen den Kräften des Lichtes und den Kräften der Finsternis geführt wird. Ich wundere mich, daß dies viele Christen — darunter etliche Theologen — nicht wahrhaben wollen.

„Los, Moses soll singen!"

Trotz der acht 50-Watt-Lautsprecher sind wir nicht
mehr zu verstehen. Die Hölle ist los!

Dreihundert Jugendliche, darunter viele schwerbewaff-
nete Rocker in enganliegender Lederkleidung und Exies
in langen Ledermänteln, bestimmen die Atmosphäre. Sie
trinken, rauchen, kippen ihre Kumpels vom Stuhl, küssen
ihre Minirock-Mädchen. Wasserleitungen werden aus den
Wänden gerissen, Fensterscheiben und Möbel zertrümmert.
Im Treppenhaus verprügeln sich einige Rocker-Mädchen.
— Dies ist kein Beatabend mit besonders ekstatischen
Auswirkungen! Nein, dies ist einer der fünfundzwanzig
Evangelisationsabende in Hamburg-Harburg im Novem-
ber 1968.

Das Hamburger Abendblatt berichtet darüber: „ ‚Los,
Moses soll singen!' (Moses wurde ich damals genannt)
grölt ein schmalwüchsiger Rocker aus der ersten Reihe,
die Füße mit den hochhackigen Cowboy-Stiefeln auf
einem blau gepolsterten Stuhl. Sein schwarzlederner Nach-
bar steht auf: ‚Ich geh', Stoff holen.' Im Mittelgang des
Gemeindesaales begrüßt der Pastor einen breitschultrigen
Blonden, der grinsend und schwankend herangekommen
ist.

Vier Stuhlreihen vor ihnen beugt sich ein Blaßgesich-
tiger, dem die wundervoll gepflegte, schwarze Haar-

haube bis in die Augenbrauen reicht, über einen unauffällig gekleideten Jungen. ‚Mach schon, komm mit nach draußen. Ich schlag dich krankenhausreif, das versprech ich dir.' ‚Laß ihn doch in Ruhe', bittet das Mädchen neben dem Bedrohten, der bleich und bewegungslos dasitzt, ‚ich sag dir auch was!' Aber der Schwarze mit der Haarhaube ist hartnäckig, und es muß erst ‚Otto', der ein Mitarbeiter des Pastors ist und selbst über ein wuchtiges Paar Fäuste verfügt, dazwischengehen. ‚Hier wird kein Putz gemacht: Los, gebt euch die Hände und vertragt euch!' verfügt er energisch, und die Gemüter beruhigen sich wirklich . . .“

Wir zitterten nach den ersten Abenden. Sollten wir weitermachen oder aufgeben? Wir dachten an den Pastor, der in einer Nachbargemeinde ein ähnliches „Unternehmen“ gestartet hatte — und noch jetzt im Krankenhaus lag: sein Gemeindehaus war zu Kleinholz gemacht worden. —

Wir beteten — und durften nicht aufgeben. Jeden Abend verkündigten wir Jesus Christus. Ihn, diesen Jesus, brauchten diese jungen, wilden Menschen. Und dieser Jesus wollte sie. Er schreckte nicht vor ihrer Brutalität zurück, weil er sie liebte und verstand. Er wußte, warum sie so geworden waren. Er kannte ihre Lebensangst, ihre Einsamkeit, ihren Ekel. Er wußte, daß man sie schon als Kinder auf die Straße schickte, um sie los zu sein. Er wußte, wie sie darunter gelitten hatten, nirgends Geborgenheit und Wärme zu haben. Und er sah ihre geballten Fäuste gegen die Erwachsenen, die ihnen mit Verachtung und Härte entgegenkamen. Aber dieser Jesus Christus suchte sie, um ihnen zu sagen: „Kommt her zu mir, ihr, die ihr so viel Schweres mit euch herumschleppt. Kommt, ladet bei mir ab! Ich will euch Ruhe und Geborgenheit geben!" Und viele dieser jungen Menschen hörten ihn und kamen zu ihm.

Zwei junge Menschen, die durch diese Evangelisation zu Jesus Christus kamen, erzählen in folgendem Interview darüber: „Mülle, — ich darf Sie doch mit Ihrem einstigen Rockernamen anreden? Ja? — Warum sind Sie zu den Evangelisationsabenden für junge Leute gegangen?"

Mülle: „Na, zuerst nur, um Putz zu machen. Wir hatten uns schon lange vorgenommen, das Gemeindehaus mal kurz und klein zu schlagen. Welcher anständige Rocker hätte sich diese gute Gelegenheit entgehen lassen?"

Frage: „Und haben Sie es geschafft, das Gemeindehaus zu Kleinholz zu machen?"

Mülle: „Ne, ganz ist es uns nicht gelungen, aber immerhin haben wir einen Schaden von ca. 6000 DM angerichtet. Heute tut mir das leid."

Frage: „Warum tut Ihnen das leid?"

Mülle: „Es hat sich bei mir manches geändert. — Nach den ersten Abenden bin ich hingegangen, weil die Leute dort — ich meine die Alten — so nett zu einem waren. Sie holten auch nicht die Polizei — und dann gingen sie mit uns auch noch ‚Würstchen essen‘, ganz auf ihre Kosten. Dabei mußten sie oft ganz weit weg mit uns fahren, weil uns die Kneipenwirte hier in der Nähe nicht reingelassen haben. Das war ganz dufte. Die Erwachsenen haben einen da mal als Mensch, —

so als ihresgleichen behandelt und nicht wie'n Stück Dreck. Und man konnte alles sagen, was einem nicht paßte, und kriegte nicht gleich eins auf die Fresse. Und wie dann die Evangelisation rum war, da war ich — naja, da war ich so'n bißchen traurig. Tagelang bin ich dann ums Gemeindehaus rumgeschlichen und wußte gar nicht, warum. Und dann merkte ich, daß es gar nicht das Gemeindehaus war, das mich anzog, sondern ich zu jemandem wollte — zu Jesus."

Frage: „Sind Sie mit ihm zusammengetroffen?"

Mülle: „Ja! — er ist jetzt mein Boß!"

Frage: „Hat sich dadurch in Ihrem Leben etwas verändert?"

Mülle: „Ja, ich glaube, ich bin nicht mehr so rabiat. Und ich ziehe auch meine Lederkleidung nicht mehr an, — nicht weil ich mich meinen früheren Kumpels gegenüber für was Besseres halte, sondern weil ich Jesus Christus auch mit meinem Äußeren zeigen möchte, daß ich zu ihm gehören will."

Frage: „Sind Sie jetzt glücklich?"

Mülle: „Ich weiß nicht, ob man das glücklich nennen kann. — Ich habe noch viele Schwierigkeiten —, aber ich bin damit nicht allein, — und ich weiß jetzt, wohin und zu wem ich gehöre. Ich glaube, das ist besser als Glück, wenigstens, was ich mir früher immer unter Glück vorgestellt habe."

Frage: „Arbeiten Sie in irgendeiner Weise für Ihren Boß?"

Mülle: „Ja, ich leite eine kleine Jugendgruppe, — aber 'ne große Arbeit ist das nicht, obwohl ich da manchmal ganz schön schwitze."

Antwort: „In Jesu Augen ist das eine sehr große Arbeit, die Sie tun. Er schaut nicht auf die Quantität, sondern auf die Qualität, auf die Treue und Liebe, mit der Sie Ihre Arbeit tun. —

Und nun zu Ihnen, Gertrud.

Was oder wer hat Sie bewogen, zur Evangelisation zu kommen?"

Gertrud: „Meine Freundin. Sie hat ständig gebettelt, — und um Ruhe zu bekommen, bin ich mitgegangen. Außerdem interessierte mich, wie die Veranstalter mit den Rockern fertig würden."

Frage: „Und die Predigt interessierte Sie nicht?"

Getrud: „Nein! Überhaupt nicht! Ich habe gläubige Eltern und wurde von Kindesbeinen an täglich mindestens zweimal mit christlichen Andachten ‚gefüttert'. Natürlich war ich dann auch ein braves Töchterchen, aber mit vierzehn-fünfzehn Jahren begann ich zu rebellieren — und ging meine eigenen Wege. Ständig hatte ich nun Streit mit meinen Eltern.

Daß es Gott gibt, wollte ich nicht anerkennen, denn dann hätte ich mich ja nicht mehr in der Hand gehabt. Ich verließ mich also auf meinen Verstand, las viel und hatte endlose Diskussionen mit anderen jungen Leuten. Wir kamen zu dem Ergebnis, daß es keinen Gott geben könne, und begründeten dies so exakt, daß es schwer war, eine Lücke zu finden."

Frage: „Aber warum sind Sie nicht nur an dem einen Abend, sondern auch zu den folgenden Evangelisationsabenden gekommen?"

Gertrud: „Tja, obwohl die Sache mit Gott für mich klar zu sein schien, wurde ich doch eine innere Unruhe nicht los. Und diese innere Ruhelosigkeit verstärkte sich, als ich nach der ersten Versammlung in einem christlichen Kreis meine Argumente verteidigte, aber die Gegenargumente nicht umstoßen konnte. In mir brach etwas auf, was mich stark bewegte und nach einer Klärung verlangte. Ich ‚hörte‘ wieder die Botschaft von Jesus Christus, der auch für mich gestorben sein sollte und der aus meinem verbauten Leben etwas machen konnte. Ich spürte, daß diese Botschaft mir galt, aber alles in mir sträubte sich dagegen. Erst nach einigen Abenden wußte ich keine Ausreden mehr, hinter denen ich mich hätte verstecken können. Ich merkte, daß ich allein nicht mehr weiterkam. Jetzt brauchte ich Jesus! Ich nahm ihn als Herrn an."

Antwort: „Ich danke Ihnen beiden.

Ich bin sicher, daß es viele junge Menschen auf unserer Erde gibt, die sich mit den gleichen Problemen herumschlagen, die suchen, die den ‚Anker‘ suchen, der unbeweglich steht, der ihrem Leben Festigkeit gibt und der sie ohne Furcht in die Zukunft schauen läßt."